CHINA IMPACT
THREAT PERCEPTION IN THE ASIA-PACIFIC REGION
SHIGETO SONODA
DAVID.S.G.GOODMAN

チャイナ・インパクト

近隣からみた
「台頭」と「脅威」

園田茂人
デヴィッド・S・G・グッドマン
編

東京大学出版会

China Impact: Threat Perception in the Asia-Pacific Region
Shigeto SONODA and David S.G.GOODMAN, Editors
University of Tokyo Press, 2018
ISBN 978-4-13-030211-1

チャイナ・インパクト
目次

序章　チャイナ・インパクトという研究課題

園田茂人／デヴィッド・S・G・グッドマン　3

I　主権・領海問題を抱えて

第1章　台湾──反中運動発生の力学　　　　王　振寰　19

1　はじめに　20
2　新自由主義の台頭と台湾社会の変容　22
3　国民党と財界の政治的結託　27
4　経済統合の社会的コスト　32
5　台頭中国への若者のまなざし　34
6　おわりに　43

第2章　ヴェトナム──揺れ動く対中認識

ドー・タン・ハイ　45

1　イデオロギーによって結ばれた近隣　1991-2002　47
2　覇権国家への変貌　2003-2009　51
3　機会主義的拡張主義者　2009-　57
4　おわりに　66

第3章　フィリピン──分裂する国内の利益と中国評価

アイリーン・S・P・バヴィエラ　69

1　南沙諸島問題をめぐる対中関係の変遷　70

2 世論調査に見る対中認識　72

3 国内利益集団の動き　82

4 おわりに　99

II　華人世界の中の多様性

第4章　タイ──不安定な国内政治が生み出した対中関係

ケヴィン・ヒューイソン　103

1 対中関係小史　105

2 冷戦体制の崩壊が生み出したもの　107

3 ポスト冷戦体制下での貿易と投資の拡大　109

4 中国と軍事政権　111

5 おわりに　127

第5章　マレーシア──親中心理を支える構造

楊　國慶　129

1 はじめに　130

2 中国の脅威？──南シナ海をめぐる中国との関係　133

3 マレーシアの華人コミュニティ　136

4 政治エリートと「中国コネクション」146

5 世代間ギャップ，文化的愛着，政治的指向　150

6 おわりに　156

第6章　インドネシア——多様性が生み出す対中政策

エヴィ・フィトリアニ　159

　1　はじめに　160
　2　国交回復後の対中関係　164
　3　中国台頭をめぐるさまざまな認識　171
　4　多様な中国認識がもたらす帰結　178
　5　おわりに　181

第7章　オーストラリア——中国脅威論の歴史と現在

デヴィッド・S・G・グッドマン　183

　1　はじめに　184
　2　中国脅威論の歴史　186
　3　中国脅威論の現在　192
　4　中国の脅威をめぐる政治　215

終章　チャイナ・インパクトの作動メカニズム

園田茂人　223

　参考文献　239
　あとがき　259

チャイナ・インパクト
近隣からみた「台頭」と「脅威」

装幀＝水戸部功

序　章
チャイナ・インパクトという 研究課題

園田茂人／デヴィッド・S・G・グッドマン

振り返れば，21世紀にいたる長い道のりは，1978年の終わりに始まったといってよい．中国共産党による4つの近代化への路線転換は，グローバル化の進展に大きな影響をもたらした．中国にとって経済発展が主要な目的だったとはいえ，このグローバル化が，アジア太平洋地域に決定的な変化をもたらしたのである．

　アジア太平洋地域における変化は，特に経済と国際政治で表れている．経済面では，この30年の間に中国が製造業の集積地になるといった大きな変化が生まれている．中国の経済が豊かになるにつれ，とりわけ2009年以降，南シナ海や東シナ海での活動が活発になったばかりか，広く世界で存在感を示すようになった．

　こうした変化の延長に，中国脅威論がある．中国が世界秩序に挑戦しているのか，それとも世界に機会を与えているのかといった論点は，2016年のアメリカ大統領選の際にも取り上げられたが，アジア太平洋地域の国や地域が中国の台頭をどう見ているかといえば，一枚岩とはいいがたい．それどころか，本書の各章が詳述しているように，中国の経済成長や国際政治上の関与をどのように眺めているかは，国によって，あるいは国内部の諸集団によって異なっている．

アジア学生調査の知見

　こうした事実に気づくようになったきっかけは，本書の編者である園田が，2013年から14年にかけて，アジアを代表する18の大学で学ぶ学生を対象に，中国の台頭をどのように評価しているかをテーマに質問票調査を実施したことによる（園田，2015a; 2015b）．

　2008年に園田が早稲田大学を拠点にアジア学生調査を実施．

図 0-1 「中国は世界の秩序を脅かしつつある」：2013–2014 年（単位：％）

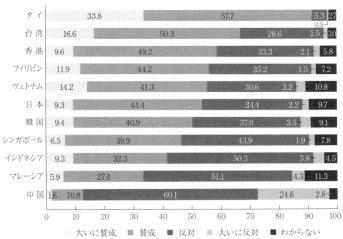

出典）園田（2015a:34）にマレーシアとインドネシアのデータ（2014 年実施）を付け加えた．

それから5年たった2013年に，再度同じ大学の学生を対象に調査を実施することを計画した．東京大学と早稲田大学の学生とともに質問票のアイデアを練ったが，この5年の間のもっとも大きな変化として中国の存在感の増大が話題に上り，第二波調査では中国の台頭をテーマにした文言を取り入れることにしたのだが，その結果は実に印象的だった．質問によって国ごとの反応が大きく異なっていたからである．

具体的には，「中国の台頭は中国人の努力の結果である」といった文言をめぐってはさほど国・地域ごとの差が見られなかったのに対して，「中国は世界の秩序を脅かしつつある」とする文言——これは中国脅威論を文章化したものだが——については，「大いに賛成」と「賛成」を加えた数値で見ると，もっ

図 0-2 「中国は興隆しているがアジア各国との関係を平和的に保つだろう」：2013-2014 年（単位：％）

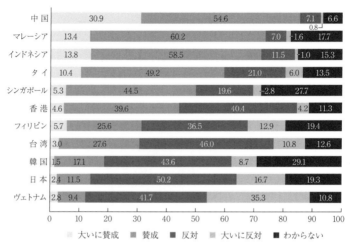

出典）園田（2015a:36）にマレーシアとインドネシアのデータ（2014 年実施）を付け加えた．

とも多いタイ（91.5％）とマレーシア（33.3％）とでは 58 ポイント強の開きがある（図 0-1 参照）．また「中国は興隆しているがアジア各国との関係を平和的に保つだろう」とする文言——これは平和台頭論を文章化したものだが——でも，「大いに賛成」「賛成」の合計値が，最大のマレーシア（73.6％）とヴェトナム（12.2％）とで 61 ポイント強も異なっている（図 0-2 参照）．しかも，これら 2 つの文言をめぐっては，中国とそれ以外の国・地域とでは反応が大きく異なっており，アジア内部で大きな温度差があることがわかる．

中国の自国への影響についての評価も，地域によってさまざまな特徴を示す．日本やヴェトナムは，総じて影響を否定的に

図 0-3　中国からの影響に対する評価：2008-2014 年（単位：%）

	よい	どちらかといえばよい	どちらともいえない	どちらかというと悪い	悪い
インドネシア(2014)	23.9	42.1	19.0	11.9	3.0
シンガポール(2013)	6.1	42.3	23.9	23.9	3.9
シンガポール(2008)	11.7	40.2	28.3	15.1	4.7
マレーシア(2014)	21.9	57.3	13.5	6.2	1.1
フィリピン(2013)	8.3	32.0	24.8	25.3	9.6
フィリピン(2008)	20.5	35.8	24.5	15.0	4.3
タ　イ(2013)	28.2	51.3	14.5	5.3	0.7
タ　イ(2008)	23.8	55.5	11.3	9.0	0.5
ヴェトナム(2013)	2.0	11.8	17.9	35.0	33.3
ヴェトナム(2008)	11.3	25.6	28.1	23.3	11.8
香　港(2013)	8.1	28.8	12.7	34.3	16.1
台　湾(2013)	10.1	26.5	12.4	28.6	22.4
韓　国(2013)	3.4	38.3	18.8	33.7	5.8
韓　国(2008)	6.7	45.6	16.3	25.6	5.9
日　本(2013)	3.0	18.5	19.4	40.6	18.5
日　本(2008)	6.0	26.2	26.4	28.0	13.5

出典）園田（2015a:39）にマレーシアとインドネシアのデータ（2014年実施）を付け加えた.

捉える傾向があり，しかもこの5年ほどの間に，その傾向は強くなっている．これに対してタイやシンガポールなどは肯定的な評価が目立ち，しかもその傾向は5年の間に大きな変化を示していない（図0-3参照）.

　アメリカのピュー・リサーチ・センターや中国の環球時報なども，中国の台頭に関わる世論調査を世界規模で実施しており，そこからも，地域によって異なる意識は見てとることができるものの（園田，2016），これほど細かくアジア近隣のデータをもとに，台頭中国へのまなざしが異なることを示した調査は，アジア学生調査をおいて他にない.

序章　チャイナ・インパクトという研究課題　7

ところが，こうして細かな違いが明らかになることで，いくつかの疑問が生じる．なぜ，同じ現象を目の当たりにしていながら，国や地域によって異なる評価をしているのか？　これは単純に，当該調査地域と中国との関係の違いを反映したものか，それとも，もっと別のメカニズムが働いているからか？　そもそも，中国の影響を肯定的／否定的に捉えるというのはどのようなことか？　回答者は，どのようなことを念頭に置きながら，中国との関係や中国の台頭を理解しているのか？

「中国脅威論を超えて」プロジェクト

　これらの疑問に答えるには，アジアの近隣地域がどのように中国を見てきたか，その国内情勢や対中関係を踏まえた深い分析を，それぞれの地域の専門家に加えてもらい，それをもとに議論を深め，問題を構造化していかなければならない．このような問題意識から，アジア学生調査が終了した2014年に「中国脅威論を超えて：『中国の台頭』をめぐる海外中国研究者との対話」と銘打った研究プロジェクトを立ち上げ，2015年5月にアメリカ，台湾，マレーシア，フィリピンの中国研究の専門家を招聘．各自が提出した論文を検討しつつ，各国で対中認識が異なる理由について議論した[1]．

　もっとも，アジア学生調査のカバレッジは広いし，何より中国との関係に悩むアジア太平洋地域の国も少なくない．そこで，今度は2016年10月に，タイ，ヴェトナム，インドネシアの専門家を招聘し，第二ラウンドの議論を行った[2]．

---

1)　この会合は，サントリー文化財団2014年度「人文科学，社会科学に関する学際的グループ研究助成」（No. 119）によって可能となった．感謝したい．

2)　この会合は，平成26年度科学研究費基盤研究（A）「対中関係の

本書は，これら2度の会議に提出され議論の対象となった原稿をもとに，日本人読者用に修正・翻訳された論文を集めたものである．

　2回にわたる会議での報告や討論を通じて，いくつか重要な発見があった．

　第一に，国・地域によって中国との関係が異なる視点から理解され，その結果，与えられる意味づけも異なっていた．第二に，時に国際政治によって影響を受ける中国との政府間関係は，中国人とのミクロな関係とは別物と理解されていた．しかも第三に，こうした関係性に変化するものとしないものがあり，これらの国・地域における対中認識にも，時間とともに変化するものとしないものとがあった．

　では，これらは個々の国・地域に具体的にどのような形で表れているのか．本書は，台湾，ヴェトナム，フィリピン，タイ，マレーシア，インドネシア，オーストラリアといったアジア太平洋の国・地域を取り上げ，そこに見られる台頭する中国への心理的反応や認識，具体的な対応——これを本書では「チャイナ・インパクト」と総称する——の特徴や歴史的変遷，及びその背後に潜むダイナミズムを論じることを目的としている．特に，当該地域で台頭する中国を脅威と認識するようになっているか，なっているとすれば，それはどのような環境によって誘発され，特にどのような人びとに意識されているのかについて，

アジア間比較：4要因モデルからのアプローチ」（課題番号16H02004）によって財政的に支援されている．なお本会合に韓国の研究者も招聘したものの，最終的に論文は提出されず，会議への出席も叶わなかった．韓国が中国の台頭をどう眺めているかといった問題は興味深いが，その一端は，園田・蕭（2016）で記述・説明されている．

分析のメスを加えている.

　本書では，概ね北から南へ，中国からの距離を近いところから遠いところへと視点を移行させる形で目次をデザインしているが，これも中国との空間的・地理的な距離が異なることによって，どのような対中認識の違いが見られるかを考えたいとする，編者の意図を反映している.

チャイナ・インパクトの形成要因をめぐる仮説

　では，チャイナ・インパクトを規定する要因にはどのようなものがあるか．上記2つの会議を招集するにあたって，我々が想定していた要因は，以下の3つだった.

　第一に，経済的な要因.

　中国の経済成長は，この40年ほどの間に，上記の国・地域との関係に大きな影響を与えることになった．対中経済関係に関与したのは国際機関——古くはWTOや世界銀行であり，最近であればAPECやAIIBなど——かもしれないが，これも中国経済が成長したことに起因する．中国経済の成長は，多くの国を引き付け，時に反発を引き起こす原因となる.

　第二に国際的な環境.

　中国の軍事規模はアジア太平洋地域で最大とはいえないものの，この40年ほどの間に経済成長を果たしたこともあり，その軍事的プレゼンスは大きくなっている．軍事費が増大しただけでない．軍事技術もまた，格段に向上している．1979年の中国によるヴェトナムへの懲罰的軍事行動は，ASEAN諸国ばかりか中国にとっても，大きな障害となっている．中国が南シナ海で九段線を防衛しようと，現在，島を要塞化しているのは，軍事的に見て大きな意味合いがある．では，これらの軍事環境の変化を，周辺国はどのように見ているか——そこにも，チャ

イナ・インパクトの多様性の原因の一端を見てとることができる.

中国の経済成長は，いうまでもなく，世界のパワーバランスを大きく変化させることになった．もともと中国の経済規模は大きく，GDP 規模が世界で第 2 位になる以前から，アジアの近隣諸国は中国を経済大国と見なしてきたし (Maddison, 2007)，歴史的にもそのように認識してきた．変わったのは，アジア太平洋地域の域外における中国への役割期待であり，中国自身も大国として認知されたいと思うようになったことである．当然のことながら，これには内向き志向の強化と反グローバリズムの拡がりといった，アメリカ側の事情も関係している．

では，中国とアメリカのどちらが世界の覇権国として君臨することになるのか．ピュー・リサーチ・センターやアジア学生調査の結果からは，アジア域内で温度差が存在していることがわかっている．日本やヴェトナム，フィリピンはどちらかといえばアメリカを，台湾やマレーシア，インドネシアは中国を，それぞれ高く評価している．特に日本，ヴェトナム，フィリピンは，中国の覇権国家への可能性をもっとも低く評価している国家群となっているが，これも，これらの国ぐにが置かれた（同盟関係や領土紛争の有無などの）国際環境の違いを反映している可能性がある.

そして第三に，社会・文化的要因.

中国が経済成長を遂げた結果，中国から海外への人の移動が加速化され，これが大量の一時的／長期的な滞在者を生み出すこととなった．19 世紀から華人の移動は頻繁に見られたものの，これにより，就業や旅行，移民のための人の移動が活発化することとなった．こうした人の移動が，受け入れ国でどのように受け止められるか．これによって，対中イメージも大きく

序章　チャイナ・インパクトという研究課題　11

異なることとなる.

近年では中国政府も,文化イベントや孔子学院(中国政府が奨励している中国語・中国研究を促進させるための教育プログラム),対外支援や技術輸出などを通じて,対外的なソフトパワーを行使しつつある.英語の力を背景としたアメリカやイギリスのソフトパワーに比べれば見劣りはするものの(本書131ページ参照),中国が周辺地域に与える社会文化的インパクトは大きい.こうした社会・文化的要素を,肯定的に捉えるか,否定的に捉えるかによって,チャイナ・インパクトの具体的な顕現が異なってくる.同じ孔子学院をめぐっても,アメリカのように大騒動になった地域もあれば,タイやラオスのようにほとんど問題とされない地域もあるからだ.

もっとも,アジアの近隣が中国の台頭をどう見ているかという問いに,最初から補助線を引くことに躊躇もあった.予想もしない要因が,対中認識に影響を与えている可能性を排除できないからである.そのため,本書に収録された論文では,筆者みずからの責任のもとで,中国の「台頭」と「脅威」をめぐる各国の事情について,まずは自由に議論してもらおうということになった.

本書の構成と主要な論点

実際,チャイナ・インパクトをめぐる周辺地域の特徴は,複数の要素が複雑に絡みながら生成されている.本書の各章は,個々の国・地域が置かれた経済的・国際的・社会文化的状況を分析しつつ,そのチャイナ・インパクトの実相に迫っている.

第Ⅰ部は,中国との主権や領土問題を抱える3つの国・地域を取り上げる.

第1章では台湾を扱う.台湾は共産党統治下の中国との主

12

権問題を抱え，現在も台湾の帰属をめぐって熾烈な政治ゲームを展開している．その意味では，チャイナ・インパクトを論じるにあたって例外的ケースにも思えるが，そうであるがゆえに，その特徴がより鮮明に表れる．

筆者の王振寰によれば，台湾経済が中国経済に統合される過程で，台湾の政治社会，とりわけ若者に変化が見られるようになっているという．中国経済との統合が進む中で中台関係が変容し，とりわけ若者に見られるアイデンティティの変化が，中国台頭への強い拒否感を生み出すようになってきているというのである．

通常，「経済的な統合と政治的な離反」という二項対立で捉えられがちな中台関係を，経済と政治の間に社会を入れ，中国との経済統合が台湾における求職率の低下や格差拡大といった社会統合のためのコストを高くした結果，これが政治的な離反を生み出すようになっているという説明を行っている．こうした理解の仕方は，一部，（すでに中国の一部となった）香港におけるチャイナ・インパクトを理解する際にも役立つはずだが，台湾では中国との心理的距離を炙り出すような質問票調査が多く実施されており，データを眺めるだけでも多くの示唆を得ることができる．

チャイナ・インパクトを考える際にもっとも興味深い事例がヴェトナムである．中国の大国化は，確かにヴェトナムにとって脅威となっている．ところが第 2 章の筆者であるドー・タン・ハイが指摘するように，ヴェトナムはパニックに陥ることなく，冷静に中国との距離を取ろうとしている．中国の近隣である運命を従容として受け入れ，これをうまく利用しようとしてさえいる．中国との対等な関係が望めない非対称的な歴史を前提に，イデオロギー的親近性や経済協力関係，時に ASEAN

やアメリカなどとの結びつきなどを利用しつつ，中国との交渉を行っているのである．

　アイリーン・バヴィエラが第3章で詳述しているように，中国の台頭をめぐってフィリピンは，いささか分裂的な対応をしている．東シナ海や南シナ海での軍事的プレゼンスが大きくなり，その軍事的脅威が増すなかで，人びとの中国への不安は増加している．それゆえ，外交や経済活動をめぐってぎくしゃくしたものの，2016年6月にドゥテルテが新しい大統領に選出されるや，こうした関係が劇的に変化することになった．ドゥテルテ大統領の訪中後，フィリピン政府は中国に融和的姿勢を示すようになり，アメリカとの同盟関係から中国との同盟関係へと乗り換えるふりさえ見せるようになったからである．

　もっとも，派手な政治的駆け引きが見られる反面，経済的な関係はさほど変化していない．筆者のバヴィエラは，フィリピンのこうした特徴を説明すべく，知識人や政治エリート，ビジネスリーダーなどに見られる対中姿勢を論じている．

華人とチャイナ・インパクト

　第II部では，華人のプレゼンスが大きく，相対的に中国へのイメージがよいタイ，マレーシア，インドネシアの3ヶ国を取り上げる．

　タイと中国との関係は，長く複雑なものだった．第二次世界大戦や冷戦体制下にあっては，緊張した関係にあった．近年，とりわけアジア通貨危機以降，経済的な結びつきが強化され，二国間関係は新たな局面を迎えつつある．第4章の筆者であるケヴィン・ヒューイソンの記述によれば，その関係は一段進化したように思える．2014年に軍事政権へと移行してから，中国はタイにとって政治的にも経済的にも重要なパートナーと

なった．これには，長く同盟関係を築いてきたアメリカとの関係に，軍事政権側が不安を感じていたことと関係している．

とはいえ，中国への傾斜は単に外交的な方針転換を意味するものではない．これには，不安定な国内政治も関係している．こうした点を理解するには，インフラ整備やビジネス，国内の政治状況，地政学が及ぼす効果などを多角的に検証してみる必要がある．

第5章を執筆した楊國慶は，国際関係や外交といった一般的な視点からより，むしろ社会的な反応を軸に据えつつ，マレーシアにおけるチャイナ・インパクトの実相を捉えようとする．マレーシアは複合的な多民族社会で，民族間ばかりか民族内部にも亀裂が存在し，これが中国の台頭に対する異なる対応を生み出している．中国の台頭をどのように捉え，これにどのように対応するかは決して一枚岩ではなく，国内の政治環境や世代，政府による世論誘導の状況などによって，中国の台頭をめぐる認識が異なっている．そのため，政府の公式見解や主要メディアでの論調を追うだけでは不十分で，マレーシア社会の複雑さを念頭に置いた分析が必要とされる，と楊はいう．

内部に多様性を抱えているといった点では，インドネシアも同様である．

インドネシアが中国との国交を回復するのは1990年のことだが，それ以降，両国間の関係は大きく変容した．インドネシアの国内政治ばかりか，米中との距離や中国の経済成長などが，こうした変化をもたらしたのである．ところが，中国の台頭をめぐっては，インドネシア内部，具体的には市民や産業界，政府機関の間で異なった認識がなされている．エヴィ・フィトリアニは第6章で，内部の多様性に言及しつつ，インドネシアにおける対中認識のダイナミズムを分析しているが，そこで

重要になるのはアメリカとのバランスであるという.

　最後に取り上げるオーストラリアでは,中国脅威論が強い影響力をもっているが,これにも華人の存在が大きく関係している.

　中国（人）によって資源が簒奪される恐怖は,オーストラリアが英連邦の一員となる前から存在していた.この恐怖心が原因で,1901年には連邦制となり,その後の白豪主義や,アジア,とりわけ中国（人）を敵視する外交政策が打ち出されるようになった.第7章でデヴィッド・グッドマンが詳述するように,オーストラリアでは中国系移民が大量にやってくる恐怖は,以前ほど強くないものの,その代わりに,中国との経済統合やその政治的な影響に対する恐怖が支配するようになっている.中国の脅威は「恐怖と欲望」の狭間で生まれるとする指摘もなされており,中国脅威論は,その生命力の強さゆえ,現在のオーストラリアにも根強く残っているという.

　終章では,これら7つの章で得られた知見をまとめ,そこにどのようなパターンが見られるかを討論するとともに,日本におけるチャイナ・インパクトを考える際のインプリケーションについて触れる.

　目次からもわかるように,本書には,日本を対象とした章が設けられていない.すでに『日中関係史 1972-2012 Ⅰ-Ⅳ』（東京大学出版会）など,関連する本が出版されているからだが,読者には,絶えず日本の事例を念頭に置きながら,各章を読み進めていただければと思う.

I
主権・領土問題を抱えて

第1章

台湾
反中運動発生の力学

王 振寰

1 はじめに

　この数十年の間，台湾では大きく２つの大きな変化が生じてきた．経済的には巨大な中国市場と深く結び付く一方で，政治的・社会的には，これとまったく正反対の事象が生じ (Keng, Liu and Chen, 2009; Wang, 2014)，中華民国憲法に記された中国の範囲と現実のそれとが乖離するようになったのである．経済面では，新自由主義的なイデオロギーが支配するグローバル化のもとにあって，台湾の政治的・経済的指導者が連携し，中台間の自由貿易と経済統合を推し進めてきた．国民党ばかりか，政治的・経済的エリートは，中台双方が比較優位を活かせば，経済統合によって利益がもたらされると考えてきた (Leng, 1995; Wang, 2001)．コスト重視の伝統型産業を中国に移転し，国内に生産性の高い製造ラインを保持するといった分業体制を敷けば台湾は安泰，というわけだ．

　ところが現実は，想定した事態と異なっていた．中国が世界の工場から世界の市場へと変貌し，中国自身の技術力が向上する中で，台湾企業は中国の新興企業と競争を激化させることになった．そのため，生産性の高い製造ラインを中国に導入し，中国国内での市場競争に立ち向かわざるを得なくなった（たとえば Wang (2014)）．その結果，台湾で多くの仕事が奪われることになり，給与が低水準に据え置かれることになった．

　経済的なグローバル化は，政治的な真空環境で生じているわけではない．中華民国（以下で台湾と表記）と中華人民共和国（以下で中国と表記）は依然として内戦状態に置かれている．中

国は台湾を自国の一省と見なし，軍事的手段に訴えてでも台湾を統一する考えを捨てていない．ところが，60年以上もの間，政治的な分断が続いてきたこともあって，台湾の人びと，とりわけ1990年以降に生まれ，民主主義体制下で育った若者は，強烈な台湾人意識を抱くようになり，みずからを中国人と見なさなくなってきている．

　こうした政治的・社会的環境にあって，中台間の経済統合は，政治的統一の手段として利用される可能性があるため，多くの人びとに脅威と見なされるようになってきている．それどころか，グローバル経済の悪化が引き金となって台湾経済が停滞し，年輩者に比べ若者の就職状況は悪く，給与が低くなってきていることもあって，台湾人の中国に対するまなざしは厳しさを増している．若者は経済統合がもたらす利益に懐疑的になり，中国との経済統合を推し進める国民党の政策に対する風当たりも強くなっている．

　中国との経済統合や，その政治的・経済的影響に対して若者が政治的に対抗する姿が顕在化したのが，2014年に起こったヒマワリ学生運動であり，同年末に行われた統一地方選挙である．ヒマワリ学生運動は，中国との両岸サービス貿易協定締結をターゲットとしたもので（Wright, 2014），地方選では国民党支持者が多い台北市を含め，6つの市長選のうち5つで国民党が敗北している．こうした政治的な動きは，新自由主義的な政策を推し進める与党に対する若者の怒りの表出として理解することができる．

　本章は，台湾の経済がいかに中国市場に統合されるようになり，そしてその結果，とりわけ若者にどのような社会的・政治的インパクトを与えるようになったかを分析することを目的とする．特に若者に焦点を当て，アイデンティティをめぐる問題

が経済統合と同時に併存してきた中台関係にあって，彼らがどのような反応を示し，これがどのように中台関係に影響を与えているかについて分析していくこととする．

本章は6つの節によって構成されている．

1の「はじめに」に続き，2では新自由主義下の台湾がいかに中国と経済統合されるに至ったかを分析し，3では国民党と資本家が階級同盟を形成するようになった過程に目を向ける．4では経済統合が払った社会的コスト，とりわけ若者が犠牲になった点を論じ，5では世論調査のデータを用い，台湾の若者の中国に対する態度とそのアイデンティティを分析する．最後に総括と討論を行う．

2　新自由主義の台頭と台湾社会の変容

1980年代初頭，アメリカでレーガン政権が誕生し，イギリスでサッチャー首相が政権の座に就いてからというもの，世界経済では新自由主義的潮流が顕著になる．各種の規制が緩和され，市場中心主義が拡がる中で，中国では鄧小平が改革の指揮棒を振るうようになる（Harvey, 2007）．そこに共通するのは，規制緩和と民営化，市場経済化，小さな政府への指向である．それごばかりか，世界貿易機関（WTO）や国際通貨基金（IMF），世界銀行といった有力な機関を通じ，市場経済化が強力に推し進められ，市場の優越と市場原理の貫徹が鼓吹されるようになった．事実，市場における自由な競争が，おおよそあらゆる意思決定の際の指導的理念となり，民主的な共通の価値に裏付けられた公共財の提供や社会的給付は，批判の対象となった．新自由主義にあっては，おおよそすべてが取引可能な財と見なされ（Harvey, 2007; Giroux, 2009; Rotherford and Davison,

2012)，人の不幸は，社会問題としてではなく，あくまで個人の選択の問題として，あるいは不運として理解されるようになった．

台湾経済の変貌

こうした世界規模での変化は，台湾経済にも大きな影響を与えることになった．輸出性向が高い台湾の経済成長は，世界経済の状況に大きく依存しているからである（Wade, 1990; Weiss and Hobson, 1995）．

1990 年代になり，世界市場での競争に打ち勝つため，台湾の企業はコスト削減のため対中投資を開始する．それ以降，台湾企業はコスト削減を狙って続々中国へ進出するようになる（Wang, 2001）．他方で台湾は，グローバル企業に対して国内市場を開放するようアメリカから強く求められるようになり，その対象は小売りから農業，金融に亘っていた．

安全保障上の理由から，国民党政権は急激な市場開放を望まず（Wang, 2004），変化は遅々としたものであった．ところが 2002 年の 1 月，台湾が WTO に加盟するようになって風向きが変わり，台湾の国内市場はほぼ完全に海外に開放されることとなった．

こうした変化は，台湾の経済状況を大きく変えることになった．

第一に，台湾の主な輸出先がアメリカから（香港を経由した）中国へと，徐々に変化していった．図 1-1 にあるように，台湾の主な輸出先がアメリカから中国へと移るのは 2003 年のことだが，その 10 年後となる 2013 年時点で，台湾の輸出先は中国，香港，アメリカ，EU，シンガポール，日本，韓国の順となっている．

図1-1　台湾における主要輸出国の変遷：2000-2013年（単位：%）

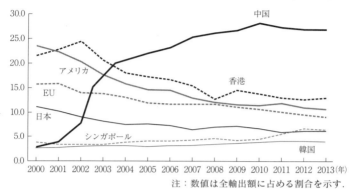

注：数値は全輸出額に占める割合を示す．
出典）経済部国際貿易局が発表した「2013年対外貿易発展概況」から筆者が作成．
https://www.trade.gov.tw/Pages/Detail.aspx?nodeID=1590&pid=561933&dl_DateRange=all&txt_SD=&txt_ED=&txt_Keyword=&Pageid=0

図1-2　全貿易に占める対中貿易の割合：2001-2013年（単位：%）

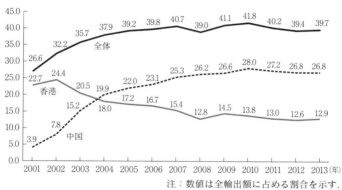

注：数値は全輸出額に占める割合を示す．
出典）経済部国際貿易局が発表した「2013年対外貿易発展概況」から筆者が作成．
https://www.trade.gov.tw/Pages/Detail.aspx?nodeID=1590&pid=561933&dl_DateRange=all&txt_SD=&txt_ED=&txt_Keyword=&Pageid=0

そればかりでない．（香港を含む）中国に対する台湾の輸出依存度は2001年の26.6％から2010年には41.8％へと上昇することとなった．2013年には，これが39.7％へと低下するものの，台湾の対中貿易依存度は4割前後を推移するなど，きわめて高い値を示している（図1-2参照）．

中国に集中する対外投資

　台湾の対外投資も中国に集中するようになっている．1993年以前にあって，台湾政府は民間企業による対中投資を禁じていたため，その具体的な推移を数値で捕捉するのはむずかしいものの，当時から多くの企業が，ケイマン諸島などのタックス・ヘイブンを利用して対中投資のための海外送金をしていた．2000年代になり，台湾政府は登録することを条件に対中投資を解禁したが，その結果，登録ベースでの対中投資額が倍々で増えていくことになった．表1-1と図1-3が示すように，ここ20年ほどの対中投資額は累積ベースで1兆3,300億米ドル強に達するなど，台湾の対中投資額は巨額になった．

　対外投資が中国に集中している現状を示す例をもう1つ挙げてみよう．

　ノート型PCの生産に占める台湾のシェアは，OEMやODMによる生産を含めると，世界全体の8割から9割を占める．ところが，世界中のバイヤーにコスト重視型製品を手早く供給すべく，ノート型PCのほとんどが海外で生産されており，2000年代初頭では，この割合がほぼ99％に達している（Wang and Lee, 2007）．2010年まで，そのうち9割強が中国で製造されてきたが，その後中国の賃金が上昇したため，他の地域でも生産されるようになってきている．

　これらの事例からもわかるように，台湾は中国の開放政策を

第1章　台湾——反中運動発生の力学　25

表 1-1　台湾における対中投資の変遷：1993-2013 年

年	案件数	(A) 全投資額	(B) 対中投資額 （登録資本を含む）	(B)／(A)
1993	326	1,661,046	1,140,365	69%
1994	324	1,616,844	962,209	60%
1995	339	1,356,878	1,092,713	81%
1996	470	2,165,404	1,229,241	57%
1997	759	2,893,826	1,614,542	56%
1998	896	3,296,302	1,519,209	46%
1999	774	3,269,013	1,252,780	38%
2000	1,391	5,077,062	2,607,142	51%
2001	1,387	4,391,654	2,784,147	63%
2002	925	3,370,046	4,594,985	136%
2003	714	3,968,588	6,939,912	175%
2004	658	3,382,022	6,002,029	177%
2005	521	2,447,449	7,375,197	301%
2006	478	4,315,426	9,676,420	224%
2007	464	6,469,978	9,843,355	152%
2008	387	4,466,491	6,058,497	136%
2009	251	3,005,554	6,939,912	231%
2010	247	2,823,451	12,230,146	433%
2011	306	3,696,827	13,100,871	354%
2012	321	8,098,641	10,924,406	135%
2013	373	5,232,266	8,684,904	166%

注：額の単位は万米ドル.

出典）行政院大陸委員会による経済貿易関係資料をもとに筆者が作成.

https://www.mac.gov.tw/Content_List.aspx?n=BF634E946ACD5EAA

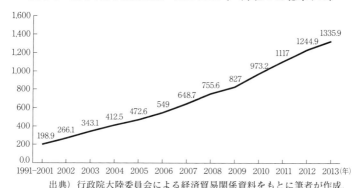

図1-3 台湾の対中投資総額：1991-2013年（単位：10億米ドル）

出典）行政院大陸委員会による経済貿易関係資料をもとに筆者が作成．
https://www.mac.gov.tw/Content_List.aspx?n=BF634E946ACD5EAA

利用して生産設備を大陸に移転するようになった．ところが，その過程で，台湾の対中貿易依存度が異常なまでに高くなってしまった．そればかりか，経済成長によって中国の都市部で中産階級が生まれたこともあり，台湾のサービス産業も続々と中国へ渡って行った（Wang, 2014）．近年，台湾のサービス産業は対中投資を盛んに行っており，多くの台湾人専門職も中国の大都市で生活するようになっている（ibid）．

非公式な推定によれば，上海地域に定住している台湾人の数は100万人を超えているとされる．経済統合が進む中で，こうした移住も生じることとなったのだが，同時に多くの問題も生じるようになった．

3　国民党と財界の政治的結託

新自由主義が世界を席巻する中にあって，資本家階級が自由貿易と市場経済化を促す主要な勢力であると見なされてきた．

台湾では，これに似て非なる現実が見られる．政府と企業の関係は，3つの時期によって異なる結びつきが見られる．

第一期は，おおざっぱに1990年代，台湾の企業が対中投資を加速化する時期に当たる．この時期，政府が奨励しなかったこともあって，台湾企業の対中投資は控え目に行われていた．当時，李登輝総統は「南進政策」を掲げ，台湾企業の海外投資を後押ししたが，これも東南アジア向けだった．政治的な駆け引きによって，中国側に乗っ取られるのを心配したからである．

2000年から2008年までの第二期，長く野党だった民主進歩党（民進党）が政権の座に就くこととなった．陳水扁総統は台湾独立を推し進め，対中投資を裏切り行為であるかのように扱った．中国共産党も民進党との交渉を潔よしとせず，中台の政治的紐帯は弱まることになった．こうした中にあって，台湾企業は政治を口にせず，ビジネスを進めるにあたって政治問題に触れないようにしていた．中台経済協力問題に関しても例外ではない（Wang, 2004）．

2008年に国民党が再度政権に就く第三期になって，中台関係は実質的に改善する．この新たな政治的な環境のもとで階級同盟が出来上がり，経済的な意思決定過程で影響力を強めるようになる．こうした変化は，以下の4つの点から見てとることができる．

階級同盟成立のインパクト

第一に，中台関係が改善した結果，台湾から中国への重要な公式・非公式な訪問が可能となった．経済統合を推進する，巨大ビジネスと国民党の間で同盟関係が作られるようになったのである．

国民党の馬英九総統は，APECやボアオ・アジア・フォー

ラムなどの公式な会議の場に毎年，訪問団を派遣した．台湾ビジネス界の代表は，こうした機会を利用して，中国の国家主席やその他の政府高官と接触できるようになった．国家政策論壇のような国民党系シンクタンクが率いる非公式な訪中団では，前副総統の連戦が台湾人実業家を引き連れ，胡錦濤や習近平といった中国の国家主席と中台関係に関する政治・経済問題を直接議論するまでになった．こうした会見によってどのような変化が見られるようになったのか，にわかには判断しがたいものの，筆者が上海で行ったインタビューによれば，中国側の指導者が政府高官を陪席させているため，重要な多くの経済問題も即断即決で解決されることがあるという．

　第二に，この段階から，政府は台湾ビジネスが中国市場に進出するよう，公的な支援を行うようになる．「搭橋専案（架け橋プロジェクト）」が代表的なものだが，このプロジェクトを通じ，台湾の経済部は中国側と会合を開き，LED や半導体，通信，素材，バイオ医薬品，漢方薬など，特定の事案をめぐる協議を行ってきた．こうした作業を通じて，中国市場や世界市場における台湾企業のシェアを伸ばすよう，さまざまな協力関係を構築しようとしてきた．通信のように，このプロジェクトを通じて中国市場でのシェアを伸ばした業界もあれば，中国の競合他社が力をつけ，こうした恩恵に浴することができなかった業界もある[1]．とはいえ，これからも，中台間の経済統合に果たす政財界の連盟が，いかに重要かがわかるだろう．

　第三に，主要な商工団体——具体的には工業総会，中華民国全国商業総会，中華民国工商協進会，中華民国全国中小企業総会など——は自由貿易協定を推進しているだけでなく（Keng

---

　1）　台北における筆者自身によるインタビューによる．

and Schubert, 2010), 中台間の経済協力を推し進める国民党政権を支持している. これらの団体は, 両岸経済協力枠組協議 (ECFA) ばかりか, 近年話題となった両岸サービス貿易協定の締結に向けてロビイングを行った. 中国市場における台湾企業のシェアを拡げ, 対中工業生産やサービス貿易を促進することを目標としているからである.

第四に, 国民党は民進党以上に産業界寄りだと見なされてきているため, 産業界も国民党との政治協力を結びやすい環境にある.

2000年から2008年までの民進党政権下にあって, 中国とビジネスを行っている台湾人ビジネスマンは政治的な息苦しさを感じてきた. そのため, 2008年の総統選では国民党を支持し, 立法委員選挙の際に国民党員に投票するよう動員をかけた. 実際, 中国の主要な都市や省にある台商協会は, その会員に帰国して投票するよう働きかけ, 複数の航空会社に便数を増やし, 航空券を割引するよう交渉した. 中国各地にある国務院台湾事務弁公室 (国台弁) は, 航空券購入に当たって補助を出し[2], 台湾人ビジネスマンに国民党候補に投票するよう働きかけたようだ.

台商協会のもつ政治的機能

これらの台湾人ビジネスマンは, 自分たちに有利な経済政策をとるよう国民党に働きかける一方で, 中国の中央政府や地方政府の政策にも影響を与えようとした. 台商協会が最初に設立されたのは1990年, 北京においてであったが, その後, 中国全土のさまざまな行政レベルで, 100以上の協会が設立さ

---

2) 上海や北京での筆者自身によるインタビューによる.

れるに至っている．しかも地方の国台弁は，台商協会に場所と人員を提供し，台湾人ビジネスマン・コミュニティと結び付くなどして，台商協会を事細かく監督している．そのため台商協会は，会員企業と中国当局の仲介役的役割を果たしている（Keng and Schubert, 2010: 307）．

とはいえ，台商協会が果たす役割は，業界によって異なっている．中小企業の場合，土地税や関税，その他の法的規制など，具体的な案件を抱えているケースが多く，その問題解決のため，地方政府と緊密な関係にある台商協会に加入したいと思っている．ところが大企業の場合，地方の有力者や中央の管轄官庁と直接やり取りができることもあって，必ずしも台商協会を必要としていない（Keng and Schubert, 2010: 308）．

中台関係を有利に展開し，台湾統一を果たすため，中国が台商協会や台湾人ビジネスマンを使おうとしていることは明らかである．ところが，この政治的に敏感な問題をめぐっては，台商協会はきわめて慎重に振る舞っている．いったん政治的な問題が入り込むと，会員企業間で争いごとが起こりかねないからで，そのため協会は純粋な利益団体としての姿勢を崩していない（Keng and Schubert, 2010: 308）．

ともあれ，中台間の経済統合は，ここ近年急速に進んでいる．2008 年に馬英九総統が政権に就いてからというもの，国民党と台湾の財界との同盟関係が経済統合を加速化させているのである．中国が台湾人ビジネスマンを政治的に利用していることは明らかだが，台商協会が中国の政治的な代理人となっているというのは言いすぎだろう．実際，経済統合によって生まれた社会的コストが，新自由主義的施策を逆流させる大きな政治的なうねりを作ることになった．

4 経済統合の社会的コスト

第二次世界大戦後の台湾の経済成長は経済の奇跡と呼ばれ，1990年以前，急速な経済成長と平等とを同時に達成してきた(Wade, 1990; Weiss and Hobson, 1995)．ところが，1990年代以降，経済構造が高度化し，中国との経済統合を含む新自由主義的経済政策を打ち出すようになってからというもの，従来とは異なる特徴が見られるようになった．経済成長は続いたものの，1980年代には8%程度の成長率だったのが2000年代には3%に落ち込むこととなった．その結果，一人当たりGDPの増加は減速し，2万ドル程度で頭打ちとなった．

それだけでない．台湾からの対中投資が増加したため，台湾国内での新規投資が頭打ちとなり，一種の産業空洞化が生じることとなった．そしてその結果，失業率が高止まりすることとなった．

1990年代までは台湾の失業率は総じて低かったものの，2000年代になって高くなる．失業率のピークは2009年第3四半期の6.13%，底が2013年最終四半期の3.96%となっている．より重要なことに，若年層に失業者が集中し，25歳から44歳の年齢層でもっとも失業者が多く，次に多いのが15歳から24歳の年齢層となっている．

若年層の失業率が高まるのと歩調を合わせるように，台湾では不平等が拡大していった．世帯収入最上位20%と最下位20%の割合でいえば，1993年時点で5.24倍だったのが2002年でピークの6.39倍，2012年には6.13倍になった．驚くべきことに，2014年のコモンウェルス誌の報告によれば，台湾の上位1%の裕福な家庭が，全家庭収入の14%を占めて

おり，株や土地取引，不動産，その他の金融取引が，その収入源になっているという（2014年6月11日付 *Commonwealth Magazine*）．

　2005年，20年ほどの間に対中投資で利益を得た台湾企業を対象に，政府が台湾への投資を促し，地方の雇用を創出するよう政策誘導を行った．これは「鮭魚返郷（鮭の帰郷）プロジェクト」と呼ばれ，当時の民進党政権によって始められたものだが（2012年8月16日付『自由時報』），より熱心に展開したのは国民党政権である．

　このプロジェクトが始まった当初，生産能力を高めようと海外で成功した企業が自国に戻る例が少なからず見られ，工業団地で土地の売買も活性化するようになった（李，2008）．2008年10月には，相続税を50％から10％へと引き下げ，海外の資金を還流させようとした．こうした動きを加速化させようと，国民党政府は2012年8月に企業誘致策を導入し，ハイエンドの工作機器を輸入した際の税金還付や外国人労働力の数量緩和などを行った．

　その結果，多くの資金が台湾に戻ってきた．公式資料によれば，2009年から2011年にかけて1,000億台湾ドル強の資金が還流してきたが，皮肉なことに，この時期の国内総固定資本形成は連続して低下し，2010年の数値は，2004年の60％にも達していない．というのも，これらの資金の多くが実物経済に投入されず，不動産市場や株式市場に流れたためである．その結果，都市部の地価が高騰し，物価が上昇することとなった．2013年9月のグローバル・プロパティ・ガイドの数値によると，2012年第3四半期から2013年第3四半期にかけての地価の上昇率（14.98％）は，ドバイ（21.37％）に次いで世界2番目で，香港（7.76％）や上海（7.10％）をも凌

駕している[3].

　このように，台湾の小さな国内市場が経済開放の世界的圧力を受ける中で，台湾政府は新自由主義的な政策へと舵を切り，台湾経済は巨大な中国市場と深く結び付くことになった．その結果，雇用の喪失や失業率の上昇，収入の伸びの鈍化，社会的不平等の顕在化など，多くの社会的コストを払わねばならなくなった．新自由主義が生み出したこれらの問題は，世界的に見て新しいとは言えないものの（2015 年 5 月 2 日付 *Economist*），若者が民主主義体制下で台湾人意識を強く抱きつつあるといった台湾独自の状況にあって，彼らの国家，とりわけ中国に対する強い不信が生まれることになる．

5　台頭中国への若者のまなざし

　2014 年の 3 月 18 日，一群の学生と市民団体が立法院を占拠，24 日間に及ぶいわゆるヒマワリ学生運動が始まった（Wright, 2014）．その直接のきっかけは，国民党が立法院で両岸サービス貿易協定を拙速に可決させようとしたことによる．ところがその背後には，中国との経済統合を進めれば，中国政府からの圧力が強まるのではないかとする人びとの憂慮があった[4].

---

3)　具体的な数値については，以下の URL を参照のこと．
　　http://www.globalpropertyguide.com/investment-analysis/Q3-2013-World-housing-markets-strongest-performance-since-the-boom-years-of-2006-and-2007
4)　ヒマワリ学生運動の具体的な展開プロセスについては，以下の URL を参照のこと．
　　http://en.wikipedia.org/wiki/Sunflower_Student_Movement

この 20 年間で最大規模の学生運動となったヒマワリ学生運動は，国民党政権と中国にとって衝撃だった．国民党の指導者たちは，中国との経済統合は台湾経済にとって有益なのだから，当然若者にとっても有益であると考えていた．中国は，2008 年以降，折に触れて台湾に経済的利益を与えるよう誘導してきた．そうすることで，徐々に台湾の人びとの支持を得られるようになるだろうと考えてのことである．ところが両者の思惑は外れてしまった．ヒマワリ学生運動が問題にしたのは，両岸サービス貿易協定の経済的側面ではなく，その政治的含意だったからである．

　実際，中国との経済統合を進めることに否定的になるのは，(1) 若者が台湾人アイデンティティを持つようになり，(2) 政治的に独立志向を強めていた，といった 2 つの変化からも当然であった．

台湾人アイデンティティと独立志向の強化

　第一の点についていえば，国立政治大学選挙研究センターが 1992 年から調査対象者に「台湾人，中国人，あるいはその両方の，いずれのアイデンティティを持っているか」といった質問を継続して行っている．2017 年時点では，調査対象者の 56.0% がみずからを「台湾人」と回答しているが，調査開始時の 1992 年には，これは 17.6% にすぎなかった．「両方」とする回答は 35.6% と，こちらも，1992 年の 46.4% から数値を下げている．この分岐点は 2007 年で，2008 年以降「台湾人だ」とする回答が伸び続けている．その一方で「中国人」とする回答は，当初の 25.5% から 3.8% にまで低下し続けている（図 1-4 参照）．

　この選挙研究センターのデータによれば，この質問をめぐっ

図 1-4　台湾市民に見られるアイデンティティの変容：1992–2017 年（単位：％）

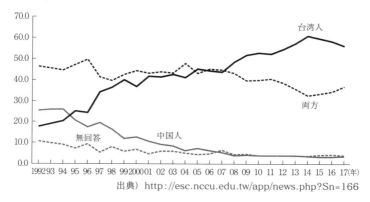

出典）http://esc.nccu.edu.tw/app/news.php?Sn=166

て世代差が存在している．30 歳未満の調査対象者に限れば，「台湾人」とする回答は 72％ に達し，「両方」とする回答は 27％，「中国人」とする回答は 1％ にすぎない．

　また，中台関係に関する評価にも変化が見られる（Liao, Chen, and Huang, 2013）．同様に国立政治大学選挙研究センターによれば，1994 年に調査を開始して以来，独立か，現状維持か，統合かの選択肢で，相対的に独立を選ぶ回答者が増えている．「条件付き現状維持（現状維持，後に決定）」を選んだ者は 38.5％ から 32.9％（2017 年 6 月現在）へと減少し，「条件付き現状維持（現状維持，後に統一）」を選んだ者も 15.6％ から 9.6％ へと減少．これに対して「現状維持，後に独立」と回答した者は 8.0％ から 17.9％ へと増加する一方で，「永久に現状維持」とする回答も 25.1％ と，9.8％ から増加している．「すぐに統一」は 2.2％ にしか達していない（図 1-5 参照）．

図 1-5　台湾市民に見られる独立志向の変遷：1994-2017 年（単位：％）

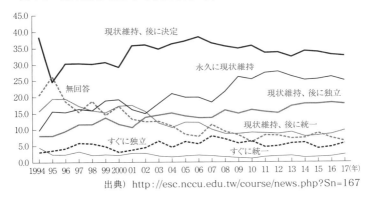

出典）http://esc.nccu.edu.tw/course/news.php?Sn=167

　再び選挙研究センターのデータによれば，独立／統一をめぐる政治的態度も，年齢によって異なっている．「台湾が独立を宣言しても中台間で戦争が起こらない」とした場合，30歳未満の回答者のうち74％が独立を支持し，その他の年齢層でも60％が独立支持となっている．「独立を宣言した場合に戦争が起こる」となれば，その数値は47.3％へと低下するが，これも他の年齢層の30％前後よりは高い数値となっている (Keng, Liu, and Chen, 2009)．

意識変化の背後にあるもの

　なぜ若者で台湾人意識が強く，独立志向が見られるのか？　これには2つの歴史が関係している．

　第一に，現在30歳未満の若者は，1980年代から90年代の政治的民主化の息吹を吸って育ち，みずからの台湾人としてのアイデンティティを育んできた．彼らは台湾人として生まれ育ち，中国大陸とはほとんど政治的・社会的な接触をしていな

い．しかも，国民党政権がメディアや教科書を利用して権威主義的で独裁的な中国イメージを喧伝しているため，自然と中国に対して警戒するようになる．

第二に，1990年代に育った若者は，教育制度の中で中国人としてよりは台湾人として育てられている．

国民党政権下にあって，学生は悠久の中国の歴史を継承するものと教えられ，現在のモンゴル共和国をも領土に含む中華民国の地図を見て育ってきた．そこでは，台湾は中国の一省と見なされ，みずからの歴史をもつ主体と見なされてこなかった．

ところが民進党政権下の2006年に改定された教科書では，台湾史が一国史レベルにまで押し上げられ，中国史は徐々に，そして部分的に外国史の立場に追いやられることになった．2000年から2008年まで政権の座に就いた民進党は，あらゆる方法を駆使して歴史教科書を書き換え，台湾の言語と歴史を強調してきた．こうした努力の結果，若い世代の台湾人意識が強化されることになった．

中国台頭をめぐる若者の政治的態度を精査するため，われわれは2014年の年末から2015年の3月にかけて，台湾の大学で学ぶ1年生を対象に質問票調査を行った．調査対象となった大学生は，1990年代半ばに生まれているが，彼らは民主主義体制で育ち，改定された教科書を利用し，中国の台頭を目撃していることからも，興味深い調査対象者であるといえる．

質問は，主として国立政治大学選挙研究センターが用いてきたものを用い，これに経済統合に関する態度を聞く質問を加えている．公立と私立を含む12の大学で学ぶ，1年次の学生を対象にし，質問票は（教員の助力を得て）一般教養の教室で配布・回収されている．有効回答数は761．このうち，父親が台湾人である者は87％で，父親が大陸からやってきた者は

表 1-2　台湾の大学 1 年生に見られるアイデンティティ：2014-2015 年

国家アイデンティティ	回答数	%	文化アイデンティティ	回答数	%
台湾人	593	77.9	台湾人	506	66.5
中国人	13	1.7	中国人	97	12.7
両方	134	17.6	両方	141	18.5
それ以外	21	2.8	それ以外	17	2.3
合計	761	100	合計	761	100

出典）筆者作成.

10%. 中国を訪問したことがある者は 30% ほどで，70% が中国を訪問した経験がない.

大学生に見られるアイデンティティ

　国立政治大学選挙研究センター同様，われわれは学生の国家アイデンティティを尋ねているが，回答者の多く（77.9%）が「台湾人」と回答し，「中国人」と回答した者は 1.7%，「両方」と回答した者は 17.6% にすぎない（表 1-2 参照）. これを文化アイデンティティに置き換えると，数値は若干変動し，「台湾人」が 66.5%，「中国人」が 12.7%，「両方」が 18.5% となった. これらの数値からも，国家アイデンティティ，文化アイデンティティの双方で，若者が台湾人だと考えていることがわかる.

　こうしたアイデンティティは，若者の対中認識にも影を落としている. 中国に対する認識をめぐっては，回答者の 66% 強が中国を否定的に見ていると回答しているのである（表 1-3 参照）. 学生が否定的に捉えているのには，(1) 国際社会における台湾の地位を容赦なく否定する，(2) メディアで誇張される中国の失態，(3) 台湾人が中国旅行中の不快な経験を大げさに言い募る，といったことに原因がある. 実際，若者の対中

第 1 章　台湾——反中運動発生の力学　39

表 1-3　台湾の大学 1 年生に見られる対中認
識：2014-2015 年

	回答数	％
大変にわるい	120	15.8
わるい	387	50.9
どちらともいえない	221	29.0
よい	31	4.1
大変によい	2	0.3
合計	761	100

注：数値は丸めのため合計が 100％ にならない.

出典）筆者作成.

表 1-4　台湾の大学 1 年生に見られる海外勤務への姿勢：2014
-2015 年

海外での勤務	回答数	％
大変前向き	119	15.3
前向き	288	37.8
どちらともいえない	288	37.8
後ろ向き	58	7.6
大変後ろ向き	4	0.5
無回答	4	0.5
合計	761	100

中国での勤務	回答数	％
大変前向き	27	3.6
前向き	95	12.5
どちらともいえない	392	51.5
後ろ向き	207	27.2
大変後ろ向き	39	5.1
無回答	1	0.0
合計	761	100

注：数値は丸めのため合計が 100％ にならない.

出典）筆者作成.

認識には日常的な経験が大きな影響を与えている.

とはいえ，台湾の若者が中国で働きたくないと思っているわけではない.「将来中国で働きたいか」とする質問に対して，「どちらともいえない」とする回答が過半数（51.5％）に達しているなど，多くの若者はイデオロギー的というよりは，功利的なのである（表1-4参照）.

中国の台頭は，チャンスに恵まれた国として中国イメージを生み出しており，そのため，若者も中国で働くことを厭わない[5].実際，若者に海外で働きたいか質問すると，53.1％が「はい」と答え，「どちらともいえない」とする回答が37.8％.「いいえ」とする回答は8.1％しかない.これに対して「いいえ」と回答した者が32.3％いることを考えると，中国で働くことをイデオロギー的に判断している学生も一定数いることがわかる.

大学生に見られる統一／独立意識

国立政治大学選挙研究センターの調査では，中国との政治的な統一／独立について，台湾の人びとは功利的な態度を示しているが，われわれの調査結果からも同様の傾向を見て取ることができる（図1-6参照）.

調査では4つの質問を設けている.第一に，具体的な条件なしに，中国との政治統一をどう思うかについて.この設問に対しては，「現状維持，後に決定」と回答した者がもっとも多く（39.8％），「現状維持，後に独立」（32.4％）がこれに次いだ.この2つの回答を合わせると7割を超える.第二に，中

---

5) 2014年8月30日付『聯合報』の調査結果からも，同様の傾向を見て取ることできる.

http://vision.udn.com/storypage.php?ART_ID=5049

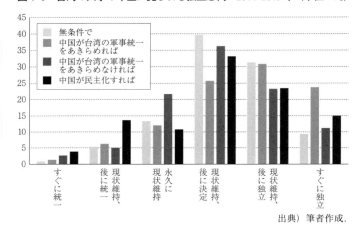

図1-6 台湾の大学1年生に見られる独立志向：2014-2015年（単位：％）

出典）筆者作成.

国が武力による統一をあきらめた場合，どう思うかについて．「現状維持，後に独立」とする回答がもっとも多く（30.9％），「現状維持，後に決定」（25.8％），「すぐに独立」（23.8％）とする回答がこれに次いだ．

　第三に，中国が武力による統一をあきらめない場合については，「現状維持，後で決定」とする回答がもっとも多くなり（36.3％），「現状維持，後に独立」（23.3％），「永久に現状維持」（21.7％）とする回答がこれに次いでいる．第四に，中国が民主化した場合，「現状維持，後に決定」（33.2％），「現状維持，後に独立」（23.5％）とする回答がもっとも多いものの，「すぐに独立」（15％），「現状維持，後に統一」（13.7％）といった回答が後に続いている．

　このように，すべての質問で「現状維持，後に決定」「現状維持，後に独立」とする回答が大多数を占めており（72.2％，

56.7%，59.6%，56.7%），統一を志向する回答は，6つの選択肢の中で4番目以下となっている．中国が民主化したとしても，統一を考える者の割合がさほど増えず，「現状維持，後に決定」「現状維持，後に独立」とする回答が過半数を占めている点は，きわめて興味深い．

このように，台湾の若者は台湾人としてのアイデンティティを強めている．彼らが中国と隔離された政治環境で育ってきたこともあるが，国内政治にあって台湾意識が高揚していることや，国際社会で中国が台湾を押さえつけていることをみずから経験していることも，これに大きく関係している．

台湾における経済のグローバル化や中国との経済統合がよい結果をもたらしてはいないものの，若者は，自分たちが中国に働きに出ていくことを受け止めるなど，経済問題を前向きに捉えている．ところが経済的な機会が，政治的アイデンティティを変化させるに至っていない．経済のグローバル化は進んでいるものの，台湾人意識はむしろ強化されているのである．

6　おわりに

本章の冒頭で，新自由主義的体制下の台湾で，経済的には巨大な中国市場との結び付きが強まる一方で，政治的には中国から離脱する動きが加速しているといった，矛盾した動きが見られると指摘した．また，台湾の国民党と中国の共産党が協調しつつ中台の経済協力を促進しているものの，これが経済成長の停滞や失業率の上昇，賃金水準の停滞といった予想外の結果を台湾にもたらしている点も指摘した．これも，台湾経済がグローバル化し，低賃金とマーケットシェアを狙った台湾企業が，

中国市場へ過度に依存するようになったからだが，その影響をもろに受けたのが，民主化を経験し台湾人意識を強くもつようになった若者であった．そのため彼らは，国民党と中国共産党が進める中台間の経済協力に対して懐疑的になり，これがヒマワリ学生運動を生み出す原動力となった．

　本章では，国立政治大学選挙研究センターの調査データとわれわれが12大学を対象に実施した調査データを用い，若者で台湾人意識が高まりつつあり，統一／独立問題に対して功利的な姿勢を見せていることを確認した．台湾の若者は，仕事をしに中国に行くことには肯定的な姿勢を示していながら，中国共産党を，様々な理由から好んでいない．彼らにとって，政治的な統一と経済的な必要性は，明らかに別物なのである．

　では将来，中台関係はどうなるのだろうか？　台湾の若者が台湾人意識と独立志向を強めていくことは確かだが，こうした変化は，最終的には中国との統一を目論む国民党や中国共産党にとって好ましいものではない．

　それ以上に厄介なのが，中国の対台湾政策である．これには中国と台湾，アメリカを含む複雑な地政学的関係が入り込むため，本章では深入りできないが，ただ1つはっきりしているのは，中国が台湾の若者と忍耐強く向きあわねばならないということである．さもなければ，若者が政治の中枢を担うようになる数十年後，台湾は中国から今以上に離反してしまうことになるだろう．

第2章

ヴェトナム

揺れ動く対中認識

ドー・タン・ハイ

中国はヴェトナムの外交政策においてもっとも重要な要素であり続けている．中越は陸路と河川，海によって密接につながり，その関係はきわめて親密である．ソ連や中・東欧社会主義諸国の崩壊後も，両国は世界でも数少なくなった社会主義国家の一員であり続けている．

　中国はまた，常にヴェトナムにとって最大の貿易相手国であった．両国の関係は緊密かつ広範囲に及び，中国の変化はすぐにヴェトナム政府に影響を与える．外交上の重要事項を決定しなければならない時，ハノイは常に北京の動向を気にしているといってよい．このように強く結ばれた関係性ゆえに，ハノイは北京の変化に敏感で，ヴェトナムは中国の台頭を最初に実感した国でもある．

　本章では，ヴェトナムの対中認識がどのように歴史的に変化してきたかを議論する．議論にあたり，さしあたって重要となるのが地理的近接性，力の不均衡，政治的類似性といった，ヴェトナムの対中政策の根幹を作り上げてきた概念である．

　ヴェトナム指導層は両国関係の安定的な枠組み構築に大きな期待を寄せていた．中国は時に「強い自己主張」をしているように見えることがあったが，ヴェトナムにとって最善のシナリオは巨大な隣国と自立的かつ建設的な関係を維持することにある．

　中国の台頭に関するヴェトナムの認識の多くは，中国の歴史的なショービニズムという共通の認識によるものではなく，中国の現在の政策や行動によるものである．結局のところ，ヴェトナムは中国の台頭よりも，地域のパワーバランスの変動によって現状が覆されることを懸念している．

46　I　主権・領土問題を抱えて

1　イデオロギーによって結ばれた近隣　1991-2002

　1980 年代後半，ヴェトナム指導層の保守派は中国との関係見直しを検討し始めていた．ヴェトナム軍のカンボジア侵攻から 10 年に及ぶ対立が続いた後，ヴェトナムの政治的指導者は中国を覇権主義的で領土拡張主義的な国家（実際，1980 年代初めにはそのように見えた）としてではなく，ヴェトナムを支援してくれる社会主義国家として見ることが多くなっていた．ヴェトナムの共産主義政権を守るには中国の支援が頼りになるという考えが広まりつつあったからである（Co, 2003: 30-6）．その結果，実際には中国の領土的野心への懸念があったにもかかわらず，ヴェトナム政府の思想的指導者は中国に接近する道を探り，社会主義の連帯を軸とした関係回復を強く求めてきた（Thayer, 1994a: 516-7）．

　ヴェトナムの主要な指導者が中国に関する認識を変化させたのは，主に 1980 年代後半の国際的・国内的状況の変化による．

　カンボジアとの抗争に関わったことにより，ヴェトナムは ASEAN 諸国，中国及び西側と対立関係に置かれた．東欧の混乱とソ連の衰退によって社会主義陣営が弱体化する中で，ハノイでは「ビロード革命」の危険に対する懸念が強まった．さらに悪いことに，ソ連からの援助がなくなりつつある中で，深刻な社会経済危機に陥っていた．世界のパワーバランスの変化はすべて不利に働き，ヴェトナム政府の中には「和平演変」——西側諸国が共産主義政権を平和的な手段によって転覆させる意図的な試み——に対抗するため，援助者となりうる可能性がある国として中国に頼り始める者が現れた．

この時期，中国も 1989 年の天安門事件の危機対応によって西側諸国との関係が困難な状況に置かれていたことに留意しておく必要がある．西側の圧力のもとで，中国政府はソ連との関係を修復することによって一息つける場所を拡大しようと試み，東南アジアとの結びつきを改善し，西側の民主化要求に対抗するためのイデオロギー戦線を復活させる意図を示すべく「アジア社会主義共同体」構想を打ち上げた（Thayer, 1994a: 518）．経済的困窮の中で，ヴェトナム指導部は中国の提案を国際共産主義のアピールであるとともに，ヴェトナムとの関係を修復しようとするメッセージと解釈した（Thayer, 1994b: 353）．

　結果として，ヴェトナムの政治支配層は，対立する 2 つの共産主義グループ，ヴェトナムが支援するフン・セン政権と中国が支援するクメール・ルージュ軍の和解提案を中国首脳に働きかけ，それによってカンボジア内戦を解決するとともに，かつての思想的盟友関係を回復するよう提案した．中国側は両提案を拒否し，ヴェトナム側を驚かせたが，おそらくそれは，中国政府がイデオロギーを外交政策決定の要因と考えていなかったからだと思われる．事実，中国首脳はヴェトナムの交渉相手に対し「両国は同志ではあるが，同盟国ではない」と語っている（Co, 2003: 94）．

　それでもなお，ハノイの指導者の中には同志意識が中越関係にとって重要だと考える者がいた．結局のところ，ヴェトナムと中国は「和平演変」との戦いにおいて，互いを必要としていたのである．

国交正常化と新時代の幕開け

　1991 年 11 月の国交正常化は，中越関係にとって新たな時

代の幕開けとなった.

　敵対心が薄まるにつれ信頼関係が醸成され，協力体制が急速に進展した．両国間で党同士，政府同士での対話ルートが樹立され，すべてのレベルで代表団の交換が増加した．党レベルでの対話ルートの拡大は近隣国であるラオス，中国，カンボジア，ヴェトナムとの関係に固有のものであった.

　党幹部や国家首脳の間で協調の促進と「歴史的紛争」解決のために，1991 年から 2001 年までに少なくとも 18 回の会合が持たれた (Ly, 2013: 141-2)．ヴェトナムの党指導部は，両国の伝統的関係，一党支配による政治体制の類似性や地理的近接性を理由に，中国をもっとも重要なパートナー国と位置づけた．ヴェトナムの友好国の序列では，近隣国と伝統的パートナー国は通常最上位に置かれていた．ヴェトナム指導層による外交政策が多角化・多様化する中で，中国はパートナー国の中で「同輩国の筆頭」となった.

　国境は再開され，国境を越えた交易は劇的に増加した．中国もヴェトナムの重要な開発プロジェクトに融資を提供した．ヴェトナムが中国との協調を必要としたのは，体制維持のためだけではなく，経済開発のためでもあった.

　中越間の貿易額は 1991 年の 3,223 万米ドルから 1996 年には 11.5 億米ドルへと 5 年間で約 35 倍に成長．2001 年には 30 億米ドルとなった (Cheng, 2011:393; Ly, 2013: 143)．中国も自国が建設した工場のヴェトナムによるグレードアップに融資と援助を提供した.

　中国はヴェトナムの移行経済を急速に成長させるために，実際の経験と従うべき開発モデルを通じ，一党支配の政治体制を損なうことなく資本主義経済を発展させる方法を伝授した (Ramses and Thao, 2005)．同時に，ヴェトナム政府は中国が

社会主義の連帯のために交渉によって「歴史的紛争」解決に向けて協調することを期待した．緊張関係が周期的に高まることはあったが，南シナ海の沖合諸島と海洋をめぐる対立は，おおむね良好に管理されていた（Ha and Sam, 2009）．

蜜月を迎える中越関係

中越関係は 20 世紀末にピークを迎える．

両国はハイレベルの指導者間で訪問と会合を繰り返し，イデオロギーと党建設に関する定期的な意見交換を継続した．1999 年 2 月には，江沢民国家主席が「善隣友好，全面協力，長期安定，未来志向の中越関係」といった概念を提示し，ヴェトナム共産党書記長レ・カ・フューはこれを受け入れた（Chan, 2013: 37）．2000 年 12 月に江沢民国家主席がハノイを訪問した際，包括的協調に関する共同声明を採択した．2002 年には中国首脳が，中越は「よき隣人，よき友人，よき同志，よきパートナー」であるべきだと提案した（Storey, 2011: 144）．

両国の関係でもっとも目覚ましい功績は，1999 年と 2000 年に，それぞれ陸上の国境とトンキン湾の海上境界線をめぐる長期に及ぶ争いに決着をつけたことであった．

1991 年から 2001 年までの 10 年間，ヴェトナムは中国を肯定的に見るようになった．それでもなお，ヴェトナム主流派では社会主義の後退は一時的なものにすぎないと広く信じられ，北京との関係をイデオロギーのプリズムから眺めていた．

一般的にヴェトナムは中国を頼りになるイデオロギー上のパートナーであり，協調すべき隣人であると思っている．中国はヴェトナムの不安によく応え，陸上の国境とトンキン湾の境界線をめぐる問題解決に協力的だった．中国は，また，ASEAN

50　Ⅰ　主権・領土問題を抱えて

諸国とともに南シナ海における信頼醸成措置としての行動規範の制定に積極的に取り組んだ．

とはいえ，南シナ海の未解決の問題は，ヴェトナム指導者の心に，同海域における中国の究極の目標について疑念を残すのに十分なものだった．

2 覇権国家への変貌 2003-2009

1996 年に ASEAN の完全な対話国になって以来，東南アジア全体に対する中国の影響力は急速に拡大した．それ以降中国は，ASEAN 諸国を広範に取り込む魅力外交戦略を採り，東南アジアにおけるイメージ向上に努めた．経済面では，1997 年のアジア通貨危機の際に，アメリカが被害を受けた国に背を向け，これらの国を非難する中にあって，中国は人民元の価値を維持し，経済的困窮に陥った国を支援する責任ある行動を取ったため，ASEAN 諸国の支持を獲得した（Halloran, 1998）．

2002 年 11 月，中国と ASEAN は中国 ASEAN 包括的経済協力枠組み協定に調印し，中国 ASEAN 自由貿易地域の創設を ASEAN 主要 6 ヶ国については 2010 年，その他の ASEAN 諸国については 2015 年とするロードマップを取り決めた．その結果，ASEAN と中国の間の貿易は劇的な成長を遂げ，2003 年だけでも 43% 増となる 782 億米ドルの最高額を記録．うち ASEAN の輸出額は 50% 増加し，473 億米ドルに達した（Yong, 2005: 22）．

中国も東南アジア諸国に対する援助を拡大した．2003 年には中国のフィリピンに対する援助はアメリカの 4 倍，対ラオスは 3 倍，対インドネシアは 2 倍となった（Kurlanitizick, 2006:273-4）．

第 2 章　ヴェトナム——揺れ動く対中認識　51

政治や安全保障の分野で，中国は ASEAN での「中国脅威論」の一掃と友好的なイメージづくりに努めた．

　中国は 1999 年 5 月以降，南シナ海の行動規範をめぐり ASEAN との交渉を開始した．ところが行動規範の適用範囲に関する合意に至らなかったため，2002 年 11 月に「南シナ海における関係諸国行動宣言」に調印することで合意した．これは既存の問題を解決するために武力行使をしないことを示す政治声明である．

　中国はさらに一歩進め，東南アジア友好協力条約（TAC）の締約国となる申請をすることにより，東南アジアのパートナーに中国の平和維持の意図を再確認させようとした．2003 年 10 月にバリで開催された第 9 回 ASEAN 首脳会議において，ASEAN 加盟国は中国の申請を受け入れ，中国を非 ASEAN 加盟国で最初の TAC 締約国とした．

　同首脳会議で中国と ASEAN は「平和と繁栄を目指す戦略的パートナーシップに関する共同宣言」を採択した．北京は開かれた外交路線を強め，「平和的台頭」の構想を売り込もうとしたが，後にこれは「平和的発展」へと変更された．中国は博物館の展示会開催，文化交流やビジネスフォーラムの組織，外国人研究者の招致，国際的なメディアへの影響力拡大などのさまざまな方法を駆使し，平和を維持する地域のリーダーとしての中国を印象づけた（Kurlanitizick, 2006:273）．

後退するアメリカのプレゼンス

　魅力外交によって中国は東南アジアにおけるプレゼンスを高めたが，そのとばっちりを受けたのがアメリカである．

　中国 − ASEAN 対話の開始から 10 年が経ち，ASEAN − 中国メカニズムは 27 に達したのに対し，ASEAN − アメリカメ

カニズムは7つが導入されたにすぎない[1]. 1990年代初めにはほとんどすべてのASEAN加盟国が中国を威嚇的な言葉で評価していたが，こうした見方は変化した．ある東南アジアの外交官が明らかにしたように，5年前とは異なり，東南アジアの指導者たちで中国の台頭を疑う者はほとんどいなくなった (Kurlanitizick, 2006:274).

　ASEAN指導者たちは，アフガニスタンやイラクにおけるアメリカの軍事的冒険に落胆する一方で，中国とASEANの関係進展を「政治的信頼を深め，協力のレベルを高める」ものとして歓迎した (Breckon, 2004:80). 中国の影響力拡大は，東南アジアにおける台湾との関係縮小や法輪功の活動禁止として表れているが，これは中国への恭順を示すものであった (Kurlanitizick, 2006:275).

　他の東南アジア各国が中国の台頭を心地よく感じているように思われた一方，ヴェトナムは東南アジアにおける中国の足跡を注意深く見守っていた．ハノイが中国の「平和的発展」論に納得していないのは明らかであった.

　実際のところ，抑制の利かない中国の政権に対し，ヴェトナムはASEANの団結と地域の現状を損ないかねないとの懸念を抱いていた．同時に，ハノイの指導者たちは，アメリカがテロに対する戦争に躍起になっている事態を心配していた．そのためヴェトナムはアメリカ当局者に接近し，東南アジアにおける中国の動きが活発になっていることに注意を払うよう促した[2].

---

1)　2005年6月9日のアジア協会の会議（於バンコク）における "Constructing a new East Asia" と題するゴー・チョクトン・シンガポール上級相の挨拶による.

2)　http://wikileaks.org/cable/2004/09/04HANOI2438.html

ヴェトナムからすれば，東南アジアに対する中国の広範囲に及ぶ進出は「積極的」という以上に「攻撃的」であった[3]．ヴェトナムの外交官もアメリカのミャンマーに対する強硬な立場をやんわりと批判し，そのような態度ではミャンマー政府を北京に向かわせるだけだと主張した[4]．

ヴェトナムには明らかに安全保障上の固有の懸念があり，中国の台頭と地域のパワーバランスの不均衡に対し不安を抱いていた．他の東南アジア各国が中国に恭順の姿勢を示すなど，南シナ海問題をめぐる ASEAN の団結は揺らいだ．

2003 年 8 月，スプラトリー諸島の共同開発プロジェクトについてヴェトナムを含む周辺諸国と相談せず，フィリピンが中国と密かに話しを進めていたことを知り，ヴェトナムの人びとは衝撃を受けた（2003 年 8 月 31 日付 *Xinhua News*）．さらに不快だったのは，自国の西側に位置するラオスやカンボジアに中国が触手を伸ばしていることだった．

ヴェトナムの消息筋は次のように明かす．

　「ヴェトナムの懸念はラオスとカンボジアにおける中国の影響力の高まりです．中国はカンボジアの安全保障を戦略的に支えており，カンボジア政府とラオス政府は，中国と ASEAN をタイやヴェトナムに拮抗するための信頼に値する存在と見なしています．ラオスは依然としてヴェトナムをもっとも近い同盟国と見ていますが，ラオスに政権交代が起きれば，同国での影響力を競い合う中国やヴェトナム，そしてそれほどではないにせよタイの中で，安全保

3)　http://www.wikileaks.org/plusd/cables/03HANOI3351_a.html

4)　http://wikileaks.org/cable/2005/01/05HANOI247.html

障の番人や経済パートナーとして優位に立つ可能性が高い
のは中国でしょう」（Dosch, 2006:250）

　これらから言えるのは，ハノイは中国を純粋にイデオロギー
上のパートナーと見なくなった，ということである．そして中
国の台頭は，ヴェトナムのうちに眠る中国の覇権主義への不安
を呼び覚ますことになった．

防衛戦略の見直しとその効果

　2003年7月に開催されたヴェトナム共産党第9期中央委
員会第8回全体会議で，防衛戦略の見直しが行われた．ヴェ
トナム国家安全保障担当の指導部が採択した総会での決議では，
「doi tac」（協調の相手）と「doi tuong」（闘争の相手）といっ
た，2つの新たな概念が導入された．
　「doi tac」は「わが国の独立と主権を尊重する者がヴェトナ
ムとの友好的で，対等かつ互恵的な関係を築き，発展させるも
の」とされ，「doi tuong」は「我々（ヴェトナム）が国家の建
設や防衛上の目的に反した企てをする勢力」と定義された．
　興味深いことに，決議は「doi tac」と「doi tuong」が単純
に弁別できず，「doi tac」と「doi tuong」が一国に共存しう
るとした．決議は2つの概念の複雑で現実に即した適用につ
いて次のように推奨した．「闘争の相手であっても協調の余地
を見出すことができ，パートナーであってもわが国の国益と相
反し，異なる利害が存在する．こうしたことを承知したうえで，
具体的な政策の評価や設計，実施にあたり，警戒心や柔軟性が
足りなくならないよう努力すべきである」（Thayer, 2008:27）
　その意味するところは曖昧だが，「doi tac」と「doi tuong」
の概念は，外交における重要な変化を示唆していた．ヴェトナ

第2章　ヴェトナム——揺れ動く対中認識　55

ム政府は，もはやいかなる国をも（協調すべき）パートナーとも，（戦うべき）敵対国とも見ていなかった．そのことは，外交政策において政府の振る舞いを決定づけるのが国益であり，パートナーや敵対者を決める上でイデオロギーの果たす役割が軽くなったことを意味していた．

多角的協力関係の模索

その結果，以前であれば敏感な問題とされていた，アメリカとの安全保障や防衛分野での協力が可能となった．2003年11月には，ファム・ヴァン・チャ国防大臣がワシントンへ歴史的訪問を行った．そのわずか1週間後には，アメリカ海軍艦船ヴァンデグリフトがホーチミン市への記念すべき訪問を許された．これはヴェトナム戦争終結以後，アメリカ海軍艦艇による初のヴェトナム訪問でもあった．

ヴェトナムは，また，テロ対策や麻薬密輸対策，地雷除去，捜索救助及び災害救助の分野でも，アメリカとの協力プログラムを開始した．

アメリカとの協力によって中国政府の心象を害さないよう，ヴェトナム政府が地味で非戦闘的な分野を注意深く選んでいることは明らかだった．実際，中国の台頭に対抗するためにアメリカと連携する意図はなかったものの，アメリカに対しては地域の平和と安定を維持する上で正当な当事者であり，重要な存在として認識していると明言した．アメリカに望んでいたのは，その庇護ではなく，地域における確固としたプレゼンスによる，台頭する中国への牽制だったのである．

とはいえ，ヴェトナムはアメリカだけを頼りにしていたわけではなかった．2001年からはロシアやインド，日本とも安全保障上の協力関係を強化するようになり，ロシア，インド，日

本との関係を，それぞれ2001年，2006年，2007年に戦略的パートナーシップへと格上げした．同時に，ASEAN＋3とは別に，インド，オーストラリア，ニュージーランドを含めた拡大版・東アジア首脳会議の開催を提唱した．

このようにヴェトナムは，中国が地域の将来を支配しかねない恐怖から，一国が地域を支配できない状況を作ろうと積極的な役割を果たそうとしてきた．

3　機会主義的拡張主義者　2009-

1990年代のほとんどの間，南シナ海の問題は中越間の関係改善の中でくすぶる火種でしかなかった．海域での緊張の高まりはあったものの，おおむね良好に管理されていた．中越間で毎年2，3回，互いの活動に抗議しあうことはあっても，大きな衝突はなかった．

世界経済に組み込まれるにつれ，ヴェトナムは国際法を国益として捉え，海洋問題に関する主張を，国連海洋法条約の精神と条文に照らし合わせるようになっていった．

1992年，ヴェトナム南岸沖合に位置し，海南島から約600カイリ離れているトゥチン岩礁の領有権を中国が主張したため，ヴェトナムの人びとは激高した（Thayer, 1994b:356）．しかし政府は平和的手段で解決し，外交ルートを通して事件を処理しようと尽力した．沖合の権益を放棄することはできず，かといって中国との戦いに突き進んで得られる利益はないといった，基本的なジレンマに置かれていた．

その結果，南シナ海の問題をめぐっては，常に二国間や多国間での話し合いを推し進めてきた．1995年には中国と実務者レベルで海洋問題を議論するための合同ワーキンググループを

設置し，沖合の諸島（南沙及び西沙）をめぐる領有権の問題や，トンキン湾を越えた南シナ海の海上境界線の問題を議論するようになった．合同ワーキンググループには進展が見られなかったものの，緊張を和らげる役割は果たした．

またヴェトナムは，南シナ海の地域の平和と安定のために当事国の振る舞いを方向づける行動規範をめぐって，ASEAN と中国との間で交渉を進めることに積極的に関与した．前述のように，2002 年 11 月には ASEAN と中国が「南シナ海における関係諸国行動宣言」に調印したが，これは当初から予想されていたように，拘束力のない政治声明であった．そのため，二国間や ASEAN のチャネルを通した外交努力によって，問題解決のための具体的な成果が生まれることはなかった．

結局のところ，問題解決を望まなかったのは中国の方だった．そのためハノイの政策決定者にとって南シナ海の問題は，常に頭痛の種となっていた．

南シナ海をめぐる緊張関係

「中国は結局のところ南シナ海を独り占めしたいのだ」というのがヴェトナムでの広く一致した見解であるが，中国がこの目標を実現できるかどうかは，他の当事国や大国の態度や行動によって左右される．中でも重要なのはアメリカである[5]．こうした事情からヴェトナムは，中国が次第に勢力と影響力を増す中で，アメリカが対テロ戦争にのめり込んでいくのを危惧していた．

2005 年以降，中国が南シナ海において高圧的なアプローチ

---

5) http://nghiencuubiendong.vn/nghien-cuu-vietnam/5928-muc-dodoc-chiem-bien-dong-va-doi-sach-cua-asean

を取り始めた兆しをヴェトナムの人びとは見て取った. 漁船や漁民に対する嫌がらせや拿捕が頻発していたからである.

2005年1月8日, きわめて深刻な事件が起きた. 中国海警局がトンキン湾でヴェトナムの漁船に発砲し, 共同漁区で操業していたにもかかわらず, 9人の漁民を殺害したのである. 中国海警局が起こした暴力行為の残虐非道さは衝撃を与え, ヴェトナム政府の強硬な抗議行動を引き起こした[6].

2006年以降中越関係の緊張が高まったのも, 南シナ海で行っていた炭化水素の探査・開発活動に対して中国が妨害を強めたからだった.

報道によれば, 2006年から2007年の間に中国は, ヴェトナムが進めていた国際的な石油企業コンソーシアムとの共同プロジェクトを相手に18もの異議申し立てを行った. その中には, 韓国石油公社 (韓国), ポゴ, シェブロン (アメリカ), BP, プレミア・オイル (イギリス), ガスプロム (ロシア), サントス (オーストラリア), 出光 (日本), CGGベリタス (フランス) といった名だたる会社が含まれていた (Fravel, 2011: 302).

従来と異なり, この時, 中国は国際的な石油企業にヴェトナムでのプロジェクトを中止せざるをえなくなるよう圧力をかけ, ヴェトナムの活動を妨害しようとした. たとえば, 8月には, 駐米中国大使館の賈秀東政務担当公使がワシントンにシェブロンの幹部を呼び, 122ブロックでの同社のプロジェクトを中止するよう要求した[7]. BPの代理人も, ヴェトナム南岸沖のガスパイプライン・プロジェクトをめぐって, 中国側の警告を受けたと述べている (2007年4月10日付 *Xinhua News*).

---

6) http://www.mofa.gov.vn/vi/nr040807104143/nr040807105001/
   ns050117170913
7) http://wikileaks.org/cable/2007/09/07HANOI1599.html

BP, シェブロン, サントスといった大手の石油企業でさえ, リスクの高いプロジェクトへの賠償金が中国国内で発生しかねない事態に恐れをなすなど, 中国の戦略は功を奏した[8]. 中国船がヴェトナムの探査船に体当たりして追い払おうとしていたことも, 後日明らかになった (Bentley, 2014).

中国が力で威嚇しようとしていることがはっきりする中で, 南シナ海の問題は, ヴェトナムにとって安全保障上の大きな懸案事項となった. ハノイの政策決定者は, 中国の包括的な要求と独断的な抗議行動に不満を抱いていた. 探査ブロックの多くはヴェトナム沿岸に近接し, 中国沿岸からは遠く離れていたため, ヴェトナム側にとっても「議論の余地はなかった」からである[9].

ここで, 石油をめぐる中越間の外交交渉の多くが水面下で行われていたため, ヴェトナム政府がASEANフォーラムや国際舞台の場で自国の立場を表明しにくかった点に留意しておきたい. 結果として, ハノイの官僚はアメリカの外交官や当局筋に接近し, 中国の強引な自己主張への懸念を表明するとともに, 中国の脅しを無視してヴェトナムとの事業を継続するようアメリカの石油企業を説得して欲しいと支援を要請した. 興味深いことに, ヴェトナム当局者は, 中国の行動は地域にとっての不安定要因であるとともに, アメリカのプレゼンスにとっても直接的な挑戦でもあると主張した[10].

地域紛争化する領海問題

2009年以降, 南シナ海をめぐる問題は, 地域紛争の火種と

---

8) https://www.wikileaks.org/plusd/cables/09HANOI52_a.html

9) http://wikileaks.org/cable/2007/09/07HANOI1623.html

10) 9) に同じ.

して浮上する．事実，中国が公然と南シナ海の秩序に挑むにつれ，当該地域は世界的に注目されるようになった．

2009年3月，音響測定艦インペッカブルが海南島近くで行っていた調査活動を中国船が妨害した．これにより，海洋における航行の自由の概念に基づいたアメリカの優位を，中国側が認識していなかったことが露呈した．同年5月には，ヴェトナムとマレーシアが国連大陸棚限界委員会に仲裁付託をしたことに抗議する中で，中国は九段線の主張を正式なものとして公にしたが，その主張は国連海洋法条約を根拠としたものではなかった．

九段線（当初は11段であった）は1933年に描かれ，1948年に，当時の中華民国が公表したが，中国の公式文書では一度も言及されていない．中国は，国連に提出した口上書に九段線の地図を添付することによって，国連海洋法条約は南シナ海において中国の立場を決める唯一の原則ではないと主張した．2010年7月のASEAN地域フォーラムの期間中，アメリカのヒラリー・クリントン国務長官は，「アメリカは南シナ海に国益を有する」と宣言し，中国の楊潔篪外交部長の激しい反論を引き起こした．

中国は当時，東アジア一帯の海域で事実上の主人であることを示そうとしていた．そのため，人民解放軍の戦艦を護衛させて圧倒的な数の漁船団と海警局の船艇を送り，事実上の支配を果たそうとしていた．

中国船は，2011年には少なくとも2回，ヴェトナム調査船のケーブルを切断した．またリード堆付近でフィリピンの調査船に嫌がらせをし，フィリピンが領有権を主張するスカボロー礁とセカンド・トーマス礁一帯を封鎖した．2014年5月には，ヴェトナムの主張する排他的経済水域内に巨大な石油掘削リ

グ・海洋石油981を設置し，護衛船が警戒線を張った．中国
海警局に護衛された中国漁船は，はるか南に下り，インドネシ
アとマレーシアの排他的経済水域内で違法操業を行った．報道
によれば，中国船は躊躇せず体当たりのような暴力行為を行っ
て，他国の船の抵抗を抑えたという．

反中国デモの発生と領海問題の大衆化

　この2014年5月の事件は，ヴェトナム国内で思わぬ反応
を引き起こすことになる．ハノイやホーチミンばかりか，中部
のハティン省，南部のビンズオン省でも反中国デモが起こり，
一部が暴徒化して死者が出る惨事となったのである．2万人が
デモに参加したとされ，中国企業が3,000名の従業員を中国
へ帰国させるなど，大きな後遺症を残した．しかも，中国企業
ばかりか台湾企業や韓国企業，日本企業も打ちこわしの対象と
なるなど，大きな国際問題となった．

　もっとも，それには伏線があった．

　2007年には，南シナ海の領有権問題をめぐり，最初の反中
国デモが2件，ハノイとホーチミンで起こっている．当時は
まだ中国との対立がメディアを賑わせることも少なく，紛争案
件もさほど多くなかったことから，デモに参加した者もさほど
多くなく，政府に対して不満をもつ人びとが主なデモ参加者と
されている．

　ところが2011年のケーブル切断事件は，より大きな反発
を生み出した．デモ参加者は増え，デモも11週間連続で日曜
日に行われるなど，以前に比べて長期化した（2011年8月21
日付 *Reuters*）．これがヴェトナムで最初に行われた「政府公
認のデモ」といわれているが，これも，事件そのものの説明の
ために政府が公式な報道発表を行い，政府みずからが中国との

領有権問題を積極的に知らせるようになったからである．

　しかもこれに，2000 年代後半に爆発的に広がっていったインターネットが拍車をかけることになる．ちょうど 2000 年代に生じた中国における反日デモがそうであったように，デモ参加者はインターネットを通じて情報を集め，デモ参加を呼びかけるなどの方法をとった．南シナ海をめぐる問題が地域紛争化しつつあったように，インターネットを通じてこれが大衆化していったのである．2014 年の大規模デモが，こうした一連の流れの中で発生したことを理解しておく必要がある．

　こうした人びとの反応がヴェトナム政府を動かすといった力学は，少なくても現在の政治体制のもとでは生じていない．ところが，ヴェトナムで反中国デモが発生したことが世界に知れわたることで，南シナ海をめぐる問題が，より広がりをもつようになった点は指摘するまでもない．

　序章の図 0-2 で「中国は興隆しているがアジア各国との関係を平和的に保つだろう」とする文言に賛成しているヴェトナム人学生が 12.2% と，対象となった国の中でもっとも低い値を示していること，また図 0-3 で中国からの影響を「悪い」「どちらかといえば悪い」と答えたヴェトナム人学生の割合が，2008 年の 35.1% から 2013 年の 68.3% へと 33 ポイント強増え，調査対象国の中でもっとも高い値を示すようになったことも，こうした文脈から十分理解することができるだろう．

拡張主義者としての中国

　ともあれ中国は，力の誇示に加え，経済的な影響力も用い，自国に挑戦する国にみずからの意志を押し付けるようになった．2010 年 9 月には，中国漁船の船長が日本に逮捕される切迫した状況の中で，中国政府は日本へのレアアースの輸出を禁止し

た（2010年9月22日付 New York Times）。2012年4月には，スカボロー礁をめぐる対立から，フィリピンからのバナナの輸入制限を開始した（2012年6月6日付 Asia Sentinel）。

中国はヴェトナムにとって基本的に日和見主義的な拡張主義者であり，ヴェトナムの領土を尊重することなく，南シナ海を支配する意図を抱く存在である。ヴェトナムのヴー・コアン前外務大臣は「彼ら（中国）は友好を口にしながら，我々の領土を侵害する方法を探っていた」（2016年5月10日付 Viet Times）と述べ，中国の意図に対する疑念を表した。

ヴェトナムのアナリストも，中国政府はそれをはるかに超えた大きな目標を目指していると信じていた。他国を力に任せて自分たちの勢力範囲に入れて支配し，自国を中心とした新しい地域秩序を構築しようとしている，というのである（2014年6月6日付 Vietnamnet）。

事実，アメリカが対テロ戦争に気を取られているのに乗じ，中国政府はアメリカの衰退を見抜いて勢力拡大に乗り出そうとしていた。中国の術策は「手柔らかな対応には無理を通し，手ごわい対応には手を出さない」（2012年12月7日付 Dan Tri）というもので，民間人を装った軍隊が他国を挑発し，耐えられなくさせて先に発砲するよう仕向け，武力行使の口実を獲得していた（2011年6月10日付 Vnexpress）。

とはいえ中国政府にも，自国の優位を主張するための大規模な衝突を仕掛ける準備はできていなかった。

台頭中国への現実主義的対応

ヴェトナムからすれば，中国は危険な国ではあるが，差し迫った脅威ではない。中国に正しいメッセージを送り，その不合理な主張と行動に不屈の決意を示して抵抗しつつ，正当な方法

で武力行使をする口実を与えないことが鍵である.

ヴェトナム政府は外交チャネルを通し,緊張や騒動を忍耐強く管理してきた.他方で,どのような侵犯の企てにも辛抱強く抵抗しつつ,中国を後退させるべく国際的な圧力を再結集し,断固として譲らず現状を維持しようとしてきた.こうした対処法は,2014年半ばに起きた海洋石油981危機の際の対応からも窺い知ることができる.

ヴェトナムは台頭する中国を前に不安を感じていたかもしれないが,決して無力ではなかった.政府は多額の財源を投入し,陸上配備の沿岸防衛システムやキロ型潜水艦6隻,ゲパルト型フリゲートと高速戦闘艇,次期スホーイ戦闘機を含む特徴を備えた有効な抑止力を整備した.そうすることで,支配下の島々が攻撃を受ける不測の事態への対応策が増えた.強力な沿岸警備隊と漁業管理船団を徐々に作り上げることで洋上の事件に対処し,中国海警局の船艇の違反行為に互角に立ち向かう迅速な配備が可能となったのである.

パートナーや経済取引先の多様化を図ることにより,中国の政治的・経済的パワーに対する脆弱性を徐々に克服していったことも,同様に重要である.過去10年にわたり,ヴェトナムは自国の安全保障や経済開発にとって重要と思われる主要国と,13の戦略的パートナーシップ,9つの包括的連携を締結してきた.このパートナーシップのネットワークがヴェトナムにとって,自己主張の強い中国を前に一息つける場所として十分に機能していることは明らかで,協調を育み,懸案事項について情報交換を行い,時に必要な支援を得る助けとなっている.

この間,ヴェトナムは経済自由化の推進者となった.政府は,(中国や韓国,インド,オーストラリア,ニュージーランドを含む)ASEANを中心とした自由貿易体制,日本,チリ,韓国との間

の二国間自由貿易協定，EU やユーラシア経済連合との自由貿易協定，それに環太平洋パートナーシップのもとでの取引条件と，広範囲にわたって積極的に交渉をし，協定を締結してきた．現在，ヴェトナムは東アジア地域包括的経済連携の交渉中だが，これらすべては，中国の圧力的な力を前に，多様化や世界との結びつきを利用して自立性を強化しようとする意欲的な試みなのである．

4　おわりに

ヴェトナムの中国に対する視線は微妙かつ複雑で，地政学的な現実や長い歴史の中で培われてきた戦略的思考，それに実際の二国間関係によって形作られてきた．伝統的に，ヴェトナムは中国の台頭を差し迫った脅威としてではなく，自然な現象として捉え，たえず国益との関係から中国を眺めてきた．中国が地域大国として君臨することを従容として受け入れつつ，さまざまなチャネルを利用して自国の利益を守るよう，中国側の過度の主張に抗しようとしてきた．

こうした伝統は現在にも生きているものの，イデオロギー的な親近性や二国間関係の拡大・深化といった現実も厳然として存在する．したがって国交回復後，中国を昔からのイデオロギー的同志と見なし，ヴェトナムにおける共産党による支配を擁護してくれることを望んだ．中国が地域大国として経済的，軍事的に台頭する中で，中国の影響を緩和すべく，ASEAN 主導の多国間協議を使用してきた．

2009 年以降，中国は機会主義的拡張主義者へと変貌し，ヴェトナムも中国の影響に抗してきた．軍事力を増強しつつも国際的なネットワークを拡げ，これを中国の自己主張への緩衝材

として利用してきた．とはいえ，ヴェトナムが中国との関係を敬遠しているかといえば，そうではない．南シナ海をめぐる緊張関係は続いているものの，両国間の対話と協調のメカニズムも依然として維持されている．

　このような中国の台頭に対するヴェトナムの対応は，相手の力をうまく利用してこちらの力にする柔道の技のようなもの，といったら理解しやすいだろうか．

第3章

フィリピン
分裂する国内の利益と中国評価

アイリーン・S・P・バヴィエラ

1 南沙諸島問題をめぐる対中関係の変遷

南シナ海の問題はフィリピンと中国の間で長年懸案となって
きたが，とりわけ 1995 年の中国によるミスチーフ環礁（南沙
諸島）占拠後，さらに 1990 年代後半にフィリピン群島にはる
かに近いスカボロー礁をめぐる議論が巻き起こり，問題が再燃
した．しかし，争いが両国の関係を支配し始めたのは，2009
年頃からである．

2009 年は，沿岸国にとって大陸棚限界委員会が取り組んで
いた大陸棚限界について，国連海洋法条約が定めた提出期限年
であった．フィリピンは，条約順守の一環として新たな領海基
線法を制定し，そこでスカボロー礁とカラヤン群（南沙諸島）
に初めて言及した．

ヴェトナムとマレーシアは，スプラトリー諸島の海域におい
て合同で大陸棚の申請書を提出．中国は，こうした動きに異議
を申し立てるとともに，初めて九段線の地図を正式に提出した．
中国のいわゆる九段線の地図——10 段線のようにも見え，
「牛舌線」ともいわれている——は，中国側から明確な説明は
ないものの，南シナ海の約 80% に相当する権利の主張であり，
ヴェトナム，フィリピン，台湾，マレーシア及びインドネシア
が主張する主権と領有権の双方，もしくはいずれかの，全体ま
たは一部と重複している．

2009 年は，フィリピン，中国，ヴェトナムがスプラトリー
諸島で合同石油調査を行う協定の期限が切れた翌年で，共同開
発の構想時にあった「仮に実現すれば領土問題の緊張緩和に役

70　I　主権・領土問題を抱えて

立つ可能性があるのでは」とする期待もしぼんでいった.

　間もなく，フィリピンの動きを挑発するように，中国はパラワン州沖合のリード堆で掘削を開始した．フィリピン海軍がスカボロー礁の絶滅危惧種を捕獲していた中国の漁民を逮捕しようとしたことが，中国に同地域を実効支配する口実を与えてしまったのである．2012 年を境に，フィリピン漁民が伝統的な漁場で操業するのを中国の巡視船が妨害するようになった．

　フィリピンは，国連海洋法条約附属書 VII に基づき中国の九段線に異議申し立てをするとともに，国際海洋法条約による排他的経済水域に対する自国の領有権の承認を求めようとした．中国はフィリピンが求めた法的措置を認めず，フィリピンに対し漁場や漁礁への接近を禁止，石油ガス調査業務を妨害した．またセカンド・トーマス礁の駐屯地への再補給作戦を阻止して，フィリピンの外交的孤立を図ろうとし，圧倒的な数の民間人や民兵組織を利用して威嚇するなど，圧力をかけてきた．

　アメリカが次第に武力衝突の可能性を懸念するようになり，とりわけスプラトリー諸島の岩礁で中国による軍事目的の可能性がある大規模埋め立てが発覚した後は，中国の振る舞いを批判し始めたため，米比間の軍事同盟は（日本，オーストラリア及びその他の国の軍事協力も同様に）中国の激しい批判の標的となった．

　南シナ海や東シナ海での領土をめぐる緊張が高まり，米中間の地政学的競争が激化する中で，フィリピン国内では社会の各層で，中国を単なる「脅威」以上の問題と捉えるようになった．対立は中比関係の他の側面，とりわけ人的交流や中国人によるフィリピンへの観光や投資にも波及し始めたが，依然として限定的であり，本章執筆時で貿易はほとんど影響を受けていない．

　本章は，以下の疑問に答えるものである．

第 3 章　フィリピン——分裂する国内の利益と中国評価　71

フィリピンの国民は一般に，自国の安全保障における中国と
その役割をどのように見ているのか？　中国は脅威で，現状へ
の批判勢力として見られているのか？　フィリピンの利害関係
者は，それぞれの事業分野で中国の行動からどのような影響や
打撃を受けていると評価しているか？　彼らは「中国問題」に
対するフィリピンの最善の方法が，どのようなものだと考えて
いるか？

　研究対象に含まれるのは，調査結果に表れた一般市民の認識
や資源争奪の影響を受けた地域の漁民や地域社会の経験，学界
や知識人，その他政界などのオピニオンリーダーの見識，それ
に経済界，とりわけ観光や貿易，投資で中国と結びつきがある
者の発言である．

2　世論調査に見る対中認識

　中国に関するフィリピン人の認識を概観する情報源には，い
くつかある．こうした中には，フィリピンの社会調査機関であ
るソーシャル・ウェザー・ステーションズ（SWS）やピュー・
リサーチ・センターが定期的に行う調査のほか，ソーシャルメ
ディア上のネット市民のコメントもある．ソーシャルメディア
のコメントの多くは南シナ海問題や中国の軍備増強に関するも
ので，扇動的な傾向が見られるため，本章では言及しない．

中国に対する信頼度

　SWS の調査結果によれば，1990 年代半ば以降のフィリピ
ン人の中国に対する信頼度は低い（図 3-1 参照）．

　調査対象期で中国への信頼が特に低かったのは，2015 年 9
月（−46%），2015 年 6 月（−45%），2015 年 12 月（−

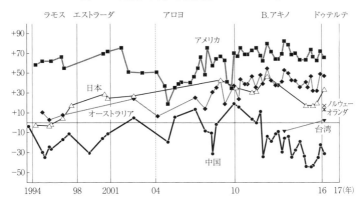

図 3-1 外国に対する信頼度：1994–2016 年

注：数値は「信頼している」(%) から「信頼していない」(%) を引いた数値．
出典）https://www.sws.org.ph/swsmain/artcldisppage/?artcsyscode=ART-20161018105149

44%)，2016 年 4 月 (−37%)，1995 年 6 月 (−36%) である[1]．1994 年から 2016 年までで中国に対する信頼がプラスであったのは，52 四半期中わずか 7 四半期で，もっとも高かったのは 2010 年 6 月の +17% と，ベニグノ・S・アキノ 3 世による政権が発足する直前であった．

数値の下落幅がもっとも大きかったのは，2012 年 3 月 (+10%，スカボロー礁がこう着状態になる直前) から 2012 年 7 月 (−36%，同こう着状態が進行中) までの間．こう着状態後の 2013 年の調査では，中国に対する信頼は −17% と，わずかながら回復した (表 3-1 参照)．

---

1) http://globalnation.inquirer.net/98832/sws-trust-of-filipinos-in-china-in-the-negative-since-2012

第 3 章　フィリピン——分裂する国内の利益と中国評価　73

表 3-1　アキノ政権に対する政策課題別満足度：2010（第 4 四半期）－2015 年（第 1 四半期）

年（四半期）	実績全体	外交関係	国の領有権に対する防衛	
2010（第 4）	+64	+55	—	
2011（第 4）	+56	+43	—	中国のフリゲートがフィリピンの漁船に警告射撃を行う
2012（第 1）	+44	+33	+35	
2012（第 2）	+62	+51	+50	スカボロー礁こう着状態，毎年恒例のフィリピン－米国合同軍事演習の実施
2012（第 3）	+57	+49	+48	中国船が半月礁に座礁
2012（第 4）	+53	+47	+37	アキノ大統領が南シナ海を「西フィリピン海」と命名する行政命令第 29 号を発布
2013（第 1）	+53	+47	+37	フィリピンの仲裁申し立て
2013（第 2）	+56	+37	+45	
2013（第 3）	+56	+41	+49	
2013（第 4）	+51	+50	+52	中国が東シナ海の防空識別圏（ADIZ）を公表，米海軍イージス巡洋艦カウペンスが中国艦船から航行を妨害され，緊急回避行動をとった事件で米中間の緊張高まる
2014（第 1）	+45	+44	+44	中国がセカンド・トーマス礁の駐屯地への再補給を妨害
2014（第 2）	+29	+41	+43	米比防衛協力強化協定（EDCA）調印，オイルリグを展開し，ベトナム艦船と対峙
2014（第 3）	+35	+43	+42	
2014（第 4）	+34	+33	+40	
2015（第 1）	+19	+30	+22	

注：数値は「満足している」（%）から「満足していない」（%）を引いた数値．

出典）SWS 調査結果から筆者作成．

中国との紛争管理をめぐるフィリピン政府への評価

中国の行動に対するアキノ政権が取った強い姿勢に満足度が高いのは，中国に対する強い不信感を反映している．

2017年SWS調査レビュー（2017年6月23日実施分）によれば，過去5つの政権の中でアキノ政権の外交政策に対する満足度がもっとも高い．海外労働者の事案——フィリピンで多年にわたり繰り返される政治的時限爆弾であるが——優先を別にすれば，アキノ大統領の外交政策の大きな特徴は，大統領と，その分身であるアルバート・デル・ロサリオ外務大臣が，南シナ海での中国の強引な行動に強い抵抗姿勢を示してきた点にある．たとえそれが，軍事力が不足しているがゆえの，口先だけの駆け引きレベルであったとしても，である．

アキノ大統領に対する国民の支持は，1995年の中国によるミスチーフ環礁占拠後の時代（ラモス政権下）と対照的であった．ラモス政権下での外交政策に対する国民の満足度が低かったが，これも政府の準備と決意が不足していたため，中国に国益を蹂躙させてしまったと政府みずからが認識していたからである（図3-2参照）．

四半期ごとに行う全国調査（2012年から2015まで）では[2]，アキノ政権は「国の領有権に対する防衛」をめぐって，「満足」ないし「大変に満足」との評価を受けている．この時期は，仲裁申し立てに対し，国際海洋法裁判所の仲裁委員会が中国の九段線に法的根拠はない旨を宣言するとともに，係争海域におけるフィリピンやその他の沿岸国（中国を含む）による排他的経済水域への権利を認めた記念すべき時期に重なる．またアメリカとの防衛協力強化協定の調印も行われ，これによってアメリ

2）　1,200名の成人を調査対象としている．

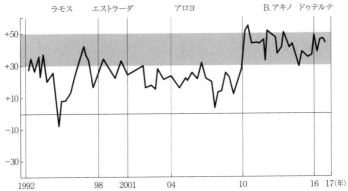

図3-2 外交関係に関する国政満足度：1992年9月-2017年6月

注：数値は「満足している」(%) から「満足していない」(%) を引いた数値.
出典）https://www.sws.org.ph/swsmain/artcldisppage/?artcsyscode=
ART-20170829131855

カの軍隊がフィリピンの特定の軍事施設を利用することが許されるなど，両国間の安全保障協力が強化された時期でもある．ところが，人びとの満足度は2014年から低下の一途をたどり，2015年4月の調査では+22と大きく (18%) 落ち込み，「ほどほどの満足度」にとどまった．

スカボロー礁をめぐる緊張状態への政府の対応にどのような評価がなされるかといった点については，こう着状態から2年を経た2014年時点で，調査対象者の62%が「賛同する」(22%が「強く賛同する」，40%が「やや賛同する」)と答える一方で，33%，つまり3人に1人が「反対する」(12%が「強く反対する」，21%が「やや反対する」)と回答している（図3-3参照）．反対の理由としては，衝突がエスカレートする不安が考えられる．

図3-3 緊張するスカボロー礁問題をめぐる政府の対応に関する意見：2014年6月（単位：％）

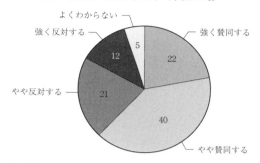

出典）http://www.bworldonline.com/content.php?section=Nation&title=support-for-gov&8217t-action-on-scarborough-weaker&id=109871

図3-4 係争中のスカボロー礁をめぐり中国と武力衝突が起こる不安：2014年6月（単位：％）

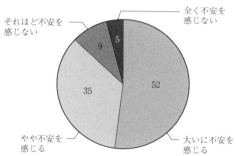

出典）http://www.bworldonline.com/content.php?section=Nation&title=support-for-gov&8217t-action-on-scarborough-weaker&id=109871

また，2014 年 6 月に中国との軍事衝突をめぐる不安の有無を尋ねたところ，52% が「大いに不安を感じる」と答える一方で，35% が「やや不安を感じる」と回答している（図 3-4 参照）．ピュー・リサーチ・センターの同様の調査でも，フィリピンの 93% の人びとが軍事衝突の発生について「非常に心配している」か「やや心配している」と回答している[3]．

中国を肯定的に見るか，否定的に見るか？

　ピュー・リサーチ・センターが 2013 年にアジアの人びとを対象に行った脅威認識に関する世論調査では，日本，フィリピン，ヴェトナムが最大の脅威としたのが中国で，パキスタン，中国，マレーシアが脅威だとしたのはアメリカだった．

　調査では，各国が中国をパートナーとして考えているか，敵として考えているかを尋ねている．フィリピンの回答者の22% が「パートナー」，39% が「敵」と答え，35% もの回答者が「どちらでもない」としている（これに対して，マレーシアの回答者の 78% が「パートナー」，3% が「敵」，10% が「どちらでもない」と答え，日本の回答者の 11% が「パートナー」，40% が「敵」——これはフィリピンとほぼ同様の結果である——，47% が「どちらでもない」と回答している）．フィリピン人回答者の 90% は，アメリカの影響は「大いに/かなり」あると感じていたのに対し，中国の影響が「大いに/かなり」あると回答した者は 69% であった．

　アメリカ/中国が大いに/かなり影響があると答えた回答者のうち，87% がアメリカはフィリピンの経済によい影響をもた

---

[3]　2014 年の春に実施された国際認識プロジェクト（Global Attitudes Project）の結果による．

78　Ⅰ　主権・領土問題を抱えて

らすと答えたのに対し，中国については，その数値が53％だった．ピュー・リサーチ・センターの2013年調査では，77％のフィリピンの人びとがアメリカとの強い結びつきの方が重要だと答えたのに対し，中国との強い結びつきの方が重要と感じていたのは6％で，13％はどちらも重要だと回答した．

このように，中国に対する意見はどちらかといえば否定的だが，それでもフィリピンでは中国を敵とするとする考えは少数派で，敵でもパートナーでもないと感じる人びとより4％上回っているだけである．これに対し，アメリカに対する意見は圧倒的に，かつ一貫して肯定的である．

この調査では，フィリピンの人びとにとって中国との領土紛争がどのくらい大きい問題であるかについても質問しているが，90％の人びとは「非常に大きい/大きい」と答え，「小さい/問題ではない」との回答はわずか9％であった．また，68％の人びとが中国の軍事力の拡大を「わるい」と回答し，「よい」と回答したのは25％であった[4]．

2014年には，フィリピンが中国を相手に国連海洋法条約規則に基づく附属書VIIの仲裁申し立てを行った後に，ピュー・リサーチ・センターがフィリピン人を対象に「中国に対する見方が好意的か否か」と尋ねたところ，58％の人びとが「好意的でない」と回答したが，それでも38％もの人びとが中国を好意的に見ていると回答した[5]．

参考までに，この調査に対する世界全体の回答の中央値は，

---

4) http://www.pewglobal.org/2013/07/18/chapter-3-attitudes-toward-china/#sources-of-criticism

5) ヴェトナムでは好意的でないが78％で好意的が16％，日本では好意的でないが91％で好意的が7％と，それぞれフィリピンよりも好意的でないとする割合が高い．

中国に対する見方は「好意的でない」と答えた者が 32% で，「好意的である」と答えた者が 49% であった．また，調査対象となったフィリピン人でインドに好意的な見方を示した者が 50% だったのに対して，その数値は日本で 80%，アメリカで 92% であった．

　スカボロー礁のこう着状態が始まってから 4 ヶ月後の 2012 年 8 月にレイロ調査戦略社[6] が，フィリピン人を対象に「同礁をめぐる争いの好ましい解決方法は何か」と尋ねたところ，表 3-2 のような結果が得られている（最初の縦列は国全体の，次の列はマニラ首都圏の結果を表している）．この調査結果で注目すべきは，「国際法廷に持ち込む」と「アメリカに助けを求める」といった，アキノ政権が最終的に重視した取り組みが，2012 年時点でさほど支持されていない点である．

　要約しよう．

　フィリピン人の間では中国への信頼は総じて低いが，その数字がもっとも低かったのは，中国が弱い者いじめをしていると受け取られる事件が発生し，緊張が高まった時である．中国と友好関係にあったアロヨ政権の「黄金時代」には信頼が高まったものの，それでも数値は上下している．これからも国民の認知が政府によってコントロールされていないことがわかる．

　中国に対する否定的な意見は肯定的な意見を上回っているが，ヴェトナムや日本に比べれば，その差はさほど大きなものではない．一般に領土問題，具体的にはスカボロー礁をめぐって，戦争が起こるかもしれないとする不安は大きい．しかし，多くの人びと（35%）が中国を「パートナーでも敵でもない」と

6）　レイロ調査戦略社を立ち上げたペドロ・レイロ Jr. は，アロヨ政権下で大統領室の世論調査担当官だった．本章執筆時点で，同社の調査法については情報が入手できていない．

表 3-2 スカボロー礁問題の好ましい解決法：2012 年 8 月 7-17 日（単位：%）

	フィリピン全土	マニラ首都圏	北部・中部ルソン島	南部ルソン島・ビコル地方	ビサヤ地方	ミンダナオ
外交努力によるべきであり、両当事国とも威嚇行動をすべきではない	33	42	41	37	27	21
フィリピン及び中国はスカボロー礁の環境保護または資源の利用に関する合弁事業のための交渉をすべきである	20	20	17	20	21	21
スカボロー礁がどちらの国の領土内にあるかを解決すべく、国際法廷が本案件に関する決定をすべきである	11	12	11	8	10	16
フィリピンはスカボロー礁が自国の領土の一部であるとの申し立てにおいて自国の立場を堅持すべきである	11	8	9	12	14	12
両国はこれを国際的な海洋保全の問題として取り組むべきであり、紛争当事国はそれを助けるべきである	9	9	4	8	14	9
フィリピンはスカボロー礁の防備のためにアメリカに助けを求め、軍隊を派遣してスカボロー礁を守るべきである	8	5	9	10	7	7
わからない	9	5	9	4	6	15

注：数値は賛成した人の割合を示す．

出典）https://www.rappler.com/nation/12867-pinoys-worried-about-ph-china-sea-dispute

見ており，69% の人びとが中国は「フィリピンに大きな影響を与えている」と考えている．こうした状況は，フィリピンの領土問題への国民の大きな関心と紛争勃発への不安が併存する事実と相まって，外交による平和的解決を約束する以上に，政府がなすべきことがあることを示唆している．

3 国内利益集団の動き

漁業・漁民に対する影響

　中国は南シナ海のほとんど全域で自国の主権を主張しているため，さまざまな行為をし続けてきた．スカボロー礁やスプラトリー諸島でこう着状態が始まった 2012 年以降，フィリピン国民の中で，中国の存在や活動にもっとも深刻な影響を受けてきたのは，漁業に従事している人びとである．

　2012 年 4 月以降，中国船はスカボロー礁のラグーンへのフィリピン漁民の入船を事実上遮ってきた．ラグーンは豊かな漁場で，漁民にとっては荒天時の避難先でもあった．2013 年に中国メディアの報道によって中国船がスプラトリー諸島への接近を阻止したことが公にされたのも，30 隻の中国漁船が係争中の海域内で一定の海域を封鎖し，40 日間操業した時であった[7]．

　2014 年 1 月には，スカボロー礁に投錨していたフィリピンの漁船に向けて中国船が放水銃を用い，発砲したことで緊張が高まった[8]．同年 8 月の威嚇事件では，中国海警局の船艇が

---

7) http://www.philstar.com/headlines/2013/05/08/939648/china-fishing-boats-cordon-spratlys

8) http://globalnation.inquirer.net/99626/fishers-were-in-shoal-for-shelter

82　I　主権・領土問題を抱えて

フィリピン漁船の周囲で警笛を鳴らしながら投光照明を照らすといった敵対的な行動を取ったことが報道されている[9]. 2014年1月にはスカボロー礁で1隻の中国船が3隻のフィリピン漁船に体当たりし，中国海警局の2人の搭乗員が漁船に銃を向け追い払おうとした．その2ヶ月後には，中国船が暴風雨を避け，スカボロー礁に避難しようとした漁民を阻止するといった，よく似た事例が報道されている[10].

スカボロー礁で事件が続発するのは，中国が危害を加えてくるかもしれないと心配しながらも漁をし続けるしかない，フィリピンの漁業関係者がいるからである．ところが事件後，サンバレス州の漁民は，スカボロー礁の近くで漁をすることを避け，漁業活動を地方自治体が管轄する小規模漁業水域に限るようになった．中には怖くて係争中の領海に戻れなくなった漁民や[11]，中国海警局の嫌がらせを受けた後に漁船を売却してしまい，スカボロー礁に戻らなくなった漁民もいるようだ[12].

漁場から退去させられた漁民の経済的な被害を最小限にするため，地方自治体やNGOは被害を受けた村民や沿岸の地域社会のために財政支援を行うとともに，別の生計手段を身に付けるための職業訓練を提供している[13].

サンバレス州政府は，有機農業以外に，マングローブや禁漁区を見て回るエコツーリズムなどの職業訓練を始めている[14].

9) http://www.philstar.com/headlines/2014/08/19/1359190/phl-fishing-boat-harassed-chinese-coast-guard
10) 8) と同じ.
11) http://globalnation.inquirer.net/99692/filipino-fishers-returning-to-scarborough-shoal
12) http://newsinfo.inquirer.net/693052/china-intrusion-wont-slow-ph-fishers
13) 12) と同じ.

長期にわたって漁業を維持，発展させるため，海洋保護区の保全や沿岸資源の保存・管理の強化を目的にしたプログラムを用意しているところもある [15]．

フィリピン海軍も漁民にマングローブの育て方を教え，別の収入源にするよう積極的に働きかけている．海軍は，漁業水産資源局の助力を得て，漁民に家計の足しにするよう，500本強のマングローブの苗木を寄付している [16]．関係機関が連携し，小さな船に乗る漁民には，地方自治体が管轄する新しい小規模漁業区域や人工の小規模漁業水域を開設する一方で，大きな船に乗る漁民には，係争海域内に立ち入らないよう助言している [17]．漁民の妻には，夫の収入減を補てんする助けになるよう，散髪技術を教えている [18]．

また地元民を対象に，中国海警局からの自衛に役に立つ応急処置などについても訓練を行っている．北部ルソン島の海軍は定期的にスカボロー礁を監視し，2014年に海軍航空隊は，海軍はスカボロー礁を決して見捨てないと断言して，今なお定期的に同海域の航空パトロールを行っているとした [19]．フィリピン海軍と沿岸警備隊はホットラインを立ち上げ，漁民が中国の嫌がらせを受けた時に通報できるようにした [20]．海軍は，地元の漁民が係争海域にかかるフィリピンの排他的経済水域内

14）　12）と同じ．

15）　12）と同じ．

16）　http://newsinfo.inquirer.net/612633/in-zambales-town-china-intrusion-into-ph-seas-is-most-felt

17）　16）と同じ．

18）　16）と同じ．

19）　http://www.inquirer.net/west-philippine-sea/articles?nav=99921&chan=9

20）　19）と同じ．

で操業する権利を主張できるよう手を差し伸べているが，フィリピン海軍参謀兵站担当次長のアルバート・カルロス大佐は，海軍は漁民に対決姿勢を取ることは求めていないと強調した[21]．事実漁民は，折に触れてスカボロー礁に近づかないよう助言されている[22]．

　それ以外にも，係争中の領海で高まる中国の存在によってもたらされる損害を軽減するため，国や地方自治体が行ってきた取り組みがある．たとえば，サンバレス州のヘルモジェネス・エブダネ知事は，同州が管轄する領海内に立ち入るすべての船舶をリアルタイムで監視できるシステムを，カナダの調査会社であるザナトス・マリン社に発注した[23]．領域認識の向上によって，領海に不法侵入する外国の漁民を防ぐ役に立つ，というのが表向きの理由である．

　2011年には，フィリピン政府からリード堆の探査を任されていた石油調査船が中国の嫌がらせを受けた事件が起きたが，その後政府は，効果的な監視と領海保護のため50億ペソ近い予算を計上し，海軍のパトロール船と6隻のヘリコプターを購入した．購入当時の目的の中心は天然ガス田の保護だったが，この新装備によって海軍や沿岸警備隊の対応がより迅速になるので，漁民も安心するだろうとされた．

環境破壊に及ぼす影響

　フィリピン人が自国の排他的経済水域内の漁業資源に近づけなくなっただけでない．科学者や環境問題の専門家，それにフ

---

21)　16) と同じ．

22)　16) と同じ．

23)　http://newsinfo.inquirer.net/687401/zambales-taps-canadian-firm-vs-intrusion-in-disputed-seas

第3章　フィリピン——分裂する国内の利益と中国評価　85

ィリピン当局も，埋め立てや，オオジャコガイやサンゴの採取，絶滅の危機に瀕している海洋生物種の捕獲といった中国の活動が，環境に悪影響を及ぼすのではないかと危惧している．

　フィリピンは過去何年もの間，中国の漁民をフィリピン領海への不法侵入だけではなく，絶滅の危機に瀕している海洋生物種や環境の保全に関するフィリピン法違反を理由に，逮捕してきた．ウミガメや他の絶滅危惧種の捕獲が違反の大半を占めており，たとえば，2001 年に逮捕された 12 人の中国人は，生きたウミガメを船いっぱいに積み込んでいたのが発見されている [24]．2002 年には半年間で絶滅危惧種の不法所持を理由に拘留された者が 122 人にのぼり [25]，2006 年には 8 人の密猟者が，いずれも海洋保護動物の体長 6 フィートのクジラ 3 頭とアオウミガメ 26 頭の捕獲を理由に逮捕された [26]．2014 年 5 月には，11 人の中国人が半月礁沖でウミガメの輸送中に逮捕された [27]．ネットには，死んだウミガメを漁船上で撮影した写真がアップされ，フィリピン人の間で話題となった [28]．

　フィリピンのメディアも中国人が巨大なサンゴや甲羅，オオジャコガイを採取していると報道してきた．2012 年に起きた事件では，数隻の中国漁船がスプラトリー諸島のパグアサ島沖

24）　http://www.philstar.com/nation/97458/12-chinese-poachers-held-palawan

25）　http://www.philstar.com/headlines/175926/sino-poachers-be-freed-palawan

26）　http://www.philstar.com/headlines/342847/8-chinese-poachers-nabbed-palawan

27）　http://globalnation.inquirer.net/103863/palace-backs-arrest-of-11-chinese-fishers-amid-beijing-protest

28）　http://www.philstar.com/headlines/2014/05/12/1322282/photos-dead-turtles-chinese-ship-anger-filipinos

に投錨し，大きなサンゴの頭に取り付けた鋼鉄製のケーブルをウインチで引き上げていたと報道されている．その後サンゴはブームを用いて，もっと大きな船に乗せられた[29]．その様子の一部始終を地元の自治体職員がフィリピン領のパグアサ島から見ていたが，止めさせようにもなすすべがなかった．2014年3月には，サンバレス州のスカボロー礁沖で中国漁民がオオジャコガイとサンゴを採取していた（消息筋）との報道がなされた．

漁業水産資源局は近年の中国の埋め立て活動による悪影響について，調査研究を行ってきた．漁業水産資源局は，フィリピン大学海洋科学研究所教授のエドガー・D・ゴメス博士と共同で「西フィリピン海で進展する中国による軍事化が海洋生物の多様性と経済の生産性に与えた損害に関する総合調査」[30]と題する報告書を発表した．

ガベン礁やファイアリー・クロス礁を含むサンゴ礁の生態系を衛星写真で見ると，中国の埋め立て活動によって被った損害が「大規模かつ不可逆」であることがわかる[31]．報告書は，2015年3月時点で，スプラトリー諸島で破壊された礁の生態系は約311 ha にのぼると述べている．ゴメス博士によれば，この生態系の破壊がもたらす直接的・間接的損失を計算すると，1 ha 当たり年間35万米ドルになるという[32]．

---

29) http://globalnation.inquirer.net/45731/chinese-boats-catch-fish-get-corals-off-pag-asa

30) http://www.gov.ph/2015/04/23/da-bfar-national-scientist-condemn-the-destruction-of-marine-resources-in-the-west-philippine-sea/

31) 30) と同じ．

32) 30) と同じ．

第3章　フィリピン——分裂する国内の利益と中国評価　87

同報告書で漁業水産資源局のアシス・ペレス局長は，礁の破壊によって西フィリピン海に面したフィリピン側の少なくとも9つの小規模漁業区，すなわち漁業で生計を維持している少なくとも1万2,000人が影響を受けたとして，次のように述べている．

　　　「私たちは中国による埋め立て活動や環境破壊的な漁業活動を，これ以上許すわけにはいきません．こうした活動は，世界の食糧安全保障や永続的な生物多様性を危険にさらすことになるからです」[33]

「中国脅威論」が経済関係と民間セクターの認識に及ぼす影響

　では，スカボロー礁のこう着状態はフィリピンと中国の経済関係にどのような影響を与え，フィリピンの経済界はどのように中国を認識するようになったのか．

　⑴　貿易

　スカボロー礁がこう着状態になる2012年4月から6月より以前の段階で，中国政府がフィリピンバナナを輸入制限する動きがあったが，衛生・植物検疫検査で不合格になったというのが，その理由であった．こう着状態が始まり，中国がバナナの輸入を禁止するのではないかといった報道がなされると，「中国政府はフィリピン政府に影響を与えるため，経済的な圧力を加えようとしているのではないか」とか，「バナナの輸入は経済制裁の始まりになるのではないか」といった不安が掻き立てられることになった[34]．

────────────

33)　30)と同じ.

88　Ⅰ　主権・領土問題を抱えて

中国のナショナリストはすぐにこの問題に飛びつき，フィリピンに経済的な圧力をかけ続けるよう政府に要求した．バナナが武器として使えることに気付いたからである．ところが，フィリピン政府の農業担当官との協議を経て，フィリピンバナナの中国向け輸出が再開されることになった．バナナの輸出業者はこの問題を政治的対立に帰そうとしたが，フィリピン政府は「輸入制限は政治的なものというより技術的なものである」として，輸出業者に生産物の規格を改善するよう要求した[35]．

こう着状態から 3 年間，貿易は伸び続け，貿易制裁の証拠が浮かび上がることはなかった．

2013 年には中国はフィリピンの 2 番目に大きな貿易相手国となり，輸出入ともに前年から増加した．中国はフィリピンの最大の輸入元で，2013 年には 13.01% のシェアを占め，2012 年の 66.80 億米ドルから 80.27 億米ドルへと拡大した．同年の中国はフィリピンにとって 3 番目に大きな輸出先で 12.19% のシェアを占めるが，額も 2012 年の 61.69 億米ドルから 65.83 億米ドルへと増えている．2011 年と 2012 年の 2 年間でフィリピンは貿易黒字を計上したが，2013 年には 20 億米ドルの貿易赤字となった．

---

34) http://business.inquirer.net/57081/banana-exports-to-be-hit-by-scarborough-dispute%E2%80%93-industry-insider 中国はフィリピン産キャベンディッシュ・バナナの一大輸出先で，毎年輸出に充てられる 7,500 万箱の半数以上が中国向けである．そのため，バナナ産業に大きく依存しているいくつかの州では，中国へ輸出できないとなると経済的なダメージが大きくなる．

35) 興味深いことに，フィリピンの中国向け輸出のうち，バナナの占める割合はわずかでしかない．フィリピンの対中国輸出に占めるバナナの割合は 1.99% で，全輸出額に占めるバナナの割合も 0.24% でしかない．

産業界のリーダーたちは経済を政治から切り離すよう主張している．フィリピン商工会議所の会頭は 2013 年に南寧で開催された ASEAN - 中国博覧会の会場を訪れ，フィリピンの実業家たちに中立でいるようにと，次のように述べた．「言い争いには加わらないようにしましょう．政治はどうすればよいか知っている政府の役人に任せましょう．貿易に携わる我々は，ビジネスの話に集中すべきです」[36]．

　実際のところ，貿易業者は強固な関係を希望し続けている．フィリピン食品加工輸出事業者協会の会長は，2014 年 7 月にフィリピン商工会議所が主催した趙鑑華・在フィリピン中国大使との夕食会の席上で，次のように述べている．「私たちは中国を，潜在的な巨大市場と見ています．フィリピンは ASEAN 加盟国として ASEAN・中国自由貿易協定に基づく特典を活用すべきです」．趙大使も肯定的で融和的な口調で領土問題を「……千年も昔からの友好関係や協力関係の大きさに比べれば……一時的なものです」[37] と言ったとされる．

(2) 投資

　大局的に見て，政治的な緊張による投資への影響はごくわずかである．そもそも，フィリピンにおける中国からの投資は小規模で，フィリピンによる対中投資額の半分に満たないからである．また中国企業が，フィリピンにおいて，エネルギーや製造業での共同事業だけでなく，インフラプロジェクトについても建設・雇用契約を締結しようとしている事例証拠もある[38]．

---

36)　http://www.manilatimes.net/china-sea-dispute-scaring-off-chinese-investors/36685/

37)　http://www.philstar.com/headlines/2014/07/03/1341872/china-wants-more-investments-phl

ところが中国の新たな投資プロジェクトは，契約当事者が緊張緩和を待っているため，遅れが生じているとする報道もある [39].

　フィリピンにおける事業環境が改善されているにもかかわらず，政治的関係が原因で中国の大手企業がフィリピンを避けているとしたら，両国にとって機会費用が高いのかもしれない．ある実業界のリーダーが指摘したように，中国の実業家は領土問題が原因でフィリピンでの投資を熟考し，慎重になっている可能性がある [40].

(3) 観光

　一方，観光への影響については，2012 年にフィリピンのナショナリストが中国の「弱い者いじめ」に反対のデモを行おうと呼び掛けた直後，中国はフィリピンへの団体旅行を安全に対する不安を理由に，渡航中止勧告を出した．新たな航空会社エアアジアによる，フィリピンのカジノ需要を見込んだマカオ往復便の開設は延期され，ボラカイ島のような人気の観光地も大きな損失を被った．中国の航空会社と旅行会社も，当然のことながら事業損失を被り，中国南方航空は，フライトの便数を 1 日 2 往復から 1 往復へと削減せざるを得なくなった．

　大きな反中デモが行われないことがはっきりしたので，最初の団体旅行の停止はまもなく解かれた．しかし，同様の勧告は 2014 年 9 月にも発令され，本章執筆時まで続いている．今回も中国国民の安全が危惧されたことがきっかけとなった．中国観光客のフィリピン入国者数は 2014 年に 7% 落ち込んだが

---

38)　中国と取引をしているビジネスマンとの会話による．

39)　36) と同じ．

40)　36) と同じ．

（2012 年から 2013 年にかけては 70% 増加している）[41]，団体旅行を利用しない個人や家族，小グループの入国は続いている．

フィリピンにとって中国からの観光客は 4 番目に多いが，2011 年には観光客全体の 6.21% にすぎなかった（2013 年には 9.11% へと上昇）．さらに，中国の観光市場は，これまでのところ，従来の観光客筋と比較するとフィリピンへの利益が少ない．しかし，投資同様，中国の海外旅行客が世界中でもっとも急成長しており，彼らが今後豊かさと洗練さを増すにつれ，中国はフィリピンの主要産業である観光の魅力的なパートナーになるだろう．

民間セクターの懸念

とはいえ，緊迫した中比関係を背景に，フィリピンの経済界は不安を表明し始めた．重要なのは，こうした不安が公式にではなく，内々に示されていたことである．

スカボロー礁がこう着状態に陥ってから 4 週間後に，マカティ・ビジネス・クラブ（フィリピンの一流企業最高幹部が集まる有数のフォーラム）がデル・ロサリオ外務大臣をフィリピン経営管理協会との合同の集会に招待した時，クラブの代表であるラモン・デル・ロサリオ会頭（外務大臣との関係はない）はスピーチの中でこう語った．「私たちは投資家として，この地域の永続的な平和と安定を願っています．また，この国の一市民

---

41) フィリピン当局が中国大使館や中国人ビジネスマン，マニラの国際空港を狙った爆弾テロを企てたとして 3 名を逮捕した 1 週間後，外交部の胡春華報道官はフィリピンの「犯罪集団」が中国大使館や中国人ビジネスマンを狙ったものだと述べた．

 http://www.rappler.com/nation/85878-china-travel-warning-philippines

として，フィリピンが現代社会ですべての独立主権国家に与えられるべき尊敬に値する国であってほしいと願っています．したがって，私たちの正当な領有権の主張が払いのけられ，国際社会での私たちの声が無視されているのを目の当たりにして，とても困惑しています」[42]．

　同じ会合で，デル・ロサリオ大臣はこれに応え，中国との貿易（フィリピンにとって第3位の貿易相手国であること）の重要性を認めながらも，フィリピンの対中投資額が30億米ドルであるのに対し，中国の対フィリピン投資総額が15億米ドルにすぎないことに言及した．大臣はさらに「わが国は現在のこう着状態を乗り越え，中国との前向きな関係構築を望んでいる」と述べた[43]．

　同大臣は，その後，直前に終えたアメリカとの2＋2会合に言及しながら，「中国を封じ込める話し合いはなかった．アメリカが繁栄することが中国にとって好ましいように，中国が繁栄することはアメリカにとって好ましいと考えているからだ．さらに，米中双方の繁栄は，みなにとってよい結果になるだろうと考えている」と発言した[44]．

　しかし，こうした公式発言とは裏腹に，デル・ロサリオ大臣が経済界の聴衆に送ったメッセージは次のようなものだった．「わが国は自国に属するものを守る必要がある．わが国は領土問題を平和的に解決する方法を探りつつも，持ちこたえる必要

---

42)　http://www.mbc.com.ph/speech/2012-may-16-opening-remarks-ramon-r-del-rosario-jr/

43)　http://www.gov.ph/2012/05/16/remarks-of-secretary-del-rosario-in-front-of-the-makati-business-club-and-the-management-association-of-the-philippines-may-16-2012/

44)　43）と同じ．

がある.」「国民を一致させ，団結させる必要がある．わが国のものはわが国のものであり，そのために闘うという愛国主義の立場に立たねばならない．わが国は試されているかもしれない．もしそうだとしたら，すべての国民が犠牲を払わねばならない」[45]．

民間セクターの不安が2015年までに拡大したように思われるのは，フィリピンの中国に対する仲裁手続きが始まったことにより，フィリピンに対する中国の圧力が強まったからである．中国が行っているスプラトリー諸島の礁の占有と埋め立ては，明らかに民生用，軍事用双方の施設を受け入れる地域拡大を意図したものであり，仲裁委員会による裁定を実施させないための既成事実化である．中越間や日中間での緊張の高まり，海洋権益をめぐるマレーシアやインドネシアと中国との小競り合い，アメリカによる安全保障パートナーシップ強化のための試みなど，他地域の事情も相まって，対立の雰囲気が醸成された．

筆者が話を交わした複数の著名な実業家は，中国の強引な振る舞いに懸念を表明するとともに，政府の取り組み方にも大きな疑念を表した．特に公式声明で相手の不正を名指しで公表し，恥をかかせるやり方は，アジアの文化や現下の地政学的状況——とりわけ中国の影響力の高まり——を無視している，と彼らは見ていた[46]．

---

45) http://www.philstar.com/Article.aspx?publicationSubCate goryId=63&articleId=807749

46) 2015年4月にアジア太平洋協進基金会（Asia-Pacific Pathways to Progress Foundation）が組織したラウンドテーブルでのやり取りによる．会議に関する守秘義務ゆえ，ラウンドテーブル参加者については明らかにできない．

94　I　主権・領土問題を抱えて

多くのフィリピン華人の実業家——そのほとんどは中小企業経営者である——に見られる現実的な態度は，フィリピン華人で構成される最大の経済団体である菲華商聯総会のアルフォンソ・シー会頭（当時）の次のような言葉に代表される．「現実を直視しましょう．大国と争うのは生易しくないのに，なぜ避けようと思えば避けられる犠牲を払うのでしょう．……たとえば，彼ら（中国）がいつも，ほとんど無償で支援してくれる路面電車は，一番経済的で実現可能な交通システムの1つではないですか」[47]．

政治エリートの認識

　フィリピン社会で常態となっている政争の厄介さに比べれば，係争中のスカボロー礁に対するアキノ政権の基本的な立場と，その断固たる姿勢に反対する者は比較的少なく，特にこう着状態に陥った直後はそうだった．野党の国会議員はこの問題に関して強い見解を持っていなかったが，実際には，中国との経済関係を損なうことはしないとする政府の対応と提唱を批判する声明が出された[48]．しかし，そのわずか2ヶ月後，西フィリピン海の動向を偵察機で監視してもらう形でアメリカの支援を要請しようとする政府の計画に対し，下院議会の少数党院内総務は支持を表明した[49]．

---

47)　https://www.rappler.com/business/economy-watch/84436-china-philippines-business

48)　http://www.philstar.com/Article.aspx?publicationSubCategoryId=63&articleId=807749

49)　http://globalnation.inquirer.net/43079/minority-leader-supports-aquino%E2%80%99s-idea-on-us-spy-planes-monitoring-west-ph-sea

第3章　フィリピン——分裂する国内の利益と中国評価　95

中にはみずから私案を提示して，議論に加わる政治家もいた．

グロリア・マカパガル・アロヨ元大統領は，2012年8月に領土問題を検討する一端を担う戦略研究所の設立を求める法案を共同で作成した．外務省附属の西フィリピン海研究センターの創設を求める提案もなされた．ウィンストン・カステロ下院議員は，スプラトリー諸島及び南シナ海全体を「将来の活用や自然公園建設を念頭に置いた，全人類に継承する国際海洋保護区」とする共同宣言を提案した．元海兵隊士官のロドルフォ・ビアゾン下院国防・安全委員会委員長は，スカボロー礁に平和維持軍を派遣するよう国連に要請する提案をした際，興奮した様子を隠さなかったが，アメリカに同地域への軍隊の配備を望んだ．元陸軍大佐のグレゴリオ・ホナサン上院議員も同様であった．

1995年に中国がミスチーフ環礁を占拠した時の大統領だったフィデル・ラモスは，4月末に「こう着状態に引きずり込まれた時のアキノ大統領には危機管理能力が欠けていた」といら立ち，こう述べた．「長年，『西フィリピン海の紛争事例は国際海洋法裁判所に提訴する』と聞いていたのに，……『これ以上遅らせるな．今すぐにやれ……』と言いたい」．「わが国の駐中国大使のポストが空いている……これは非常に残念なことだが，危機管理が足りない気もする．フィリピンチームの最高の選手が必要とされている，掛け金の高い大切なゲームなのに」[50]．

他方，ラモス政権時に外務大臣を務めたロベルト・ロムロは，政府の戦略に支持を表明した．2012年10月，マル・ロハス－習近平会談が南寧で行われ，外交副部長の傅瑩が二国間協議の

---

50) http://www.rpdev.org/Default/Ramos_Legacy/Articles?
performAction=Display&article_id=207

ためマニラを訪問した後に，ロムロは自身のコラムでこう書いている．「外務大臣（デル・ロサリオ）は強硬論者であるとの批判の矢面に立たされている．しかし，彼はフィリピン外交政策の第一の伝達者，まさに顔として，従来の政策を堅持し，わが国がおじけづいていないことを示してきた．彼はわが国の訴訟が正当なものであることを世界に訴え，うまく軍事力の不足を補ってきたのだ」[51].

しかし，ロムロはラモスに同意し，次のようにも述べている．「問題が悪化し，大きな不利益を被らないようにするならば，二国間の話し合いを控え，多国間フォーラムを活用しつつも，わが国の主張を含め，選択肢の見直しをしなければならないだろう」[52].

もう一人の元大統領，ジョセフ・エストラーダは，アメリカはこの問題に関与すべきでないとして，次のような見解を示した．「中国が隣国で同じアジアの国であることを忘れ，尊敬もしない誤りをおかしてはならない．この問題は，アジアの隣国間で平和的に解決しなければならない」[53].

下院議会の左翼政党であるバヤン・ムナとアクバヤンは，反中国デモまで組織する国粋主義的立場を取っていた．しかし，バヤン・ムナはアメリカの役割拡大を阻止しようとするあまり，結局は中国との外交交渉を要求することになった．「わが国はアメリカの介入を許すべきではない．対立をエスカレートさせかねないからだ．この問題は中国の間で，外交的手段や国際条

---

51) http://www.philstar.com/author/Roberto%20R.%20Romulo/
FILIPINO%20WORLDVIEW?page=6
52) 51）と同じ．
53) http://www.philstar.com/headlines/696562/no-joint-explo
ration-china-now

第3章　フィリピン——分裂する国内の利益と中国評価　97

約を活用して解決するのがよい．我々のホームグラウンドに，アメリカのガキ大将は必要ない」．バヤン・ムナ代表のテディ・カシーニョは，このように主張した[54]．

　これ以外にも，少なくとも2つの元政府関係者のグループが政府に非公開の政策方針書を提出している．その1つがよき統治を実現するために組織された「前政府高官（FSGO）」ネットワークと呼ばれるグループで，同グループは国の軍備能力強化を含む緊急行動方針を提案した．もう1つのグループは10人の元政府関係者からなる「非公式専門家グループ」で，彼らはラモス，エストラーダ，アロヨ政権時の海洋政策に関わり，南シナ海における外交，防衛，警察，国際法，漁業，エネルギー及び環境上の国益を代弁していた．同グループは，スカボロー礁の事件が起きる前にフィリピン大学の後援のもとで筆者が招集し，前上院議員で長い間海洋問題の提唱者であるレティシア・ラモス・シャハニとともに共同議長を務めたが，政府に提出した白書では，将来にわたる紛争処理のために必要な戦略的な政策枠組みと課題を提案している[55]．

　スカボロー礁がこう着状態に陥ってから5年がたった現在，軍事化の進展によって状況が大きく悪化する中で，フィリピンのエリート集団は，(1) ASEAN での取り組みや国際海洋法条約による仲裁，中国との二国間交渉を重視した多角的アプローチが，結局のところ有効な方策であるのかどうか，(2) 争いを鎮静化させるため，係争海域であるリード堆での中国とのエネ

---

54) http://archive.indymedia.org.nz/article/82377/bayan-muna-protests-against-china%E2%80%99s-excu.html

55) http://president.gov.ph/news/philippines-to-endorse-action-agenda-on-growing-participation-of-small-medium-micro-enterprises-in-global-market/

ルギー資源共同開発の可能性を探るべきかどうか，（3）アメリカの役割を強化することが中国に対する安定的な抑止につながるかどうか，（4）共同で中国を説き伏せる組織として ASEAN は信頼に値するかどうか，といった点に関心を抱いている．

4 おわりに

フィリピンは将来に目を向け，領土問題の先を思い描きつつ，去る 2014 年 11 月に中国が主導するアジアインフラ投資銀行（AIIB）の設立覚書に，創設メンバーの一員として調印した．しかし，今もなお，提案されたガバナンスの機能が同種の国際金融機関の水準に合致するかどうか，既存の機関と競合しないかどうか——これは，最初の覚書調印後にアメリカから特に提起された問題でもある——，検討しているところである．

セサール・プリシマ財務大臣は，「中国が自国の経済的な戦略目的のために AIIB を利用しないよう希望する」と表明し[56]，ある外交アナリストは，（1）フィリピンはインフラ，特にダム，鉄道，高速道路，電力網を開発する財源を必要としている，（2）AIIB は地域金融に関する優先順位を決定する際，中国の影響力を長期にわたって増大させかねない，（3）AIIB の規範・規則がベストプラクティスに依存しているかどうか（環境保全や社会的基準に関する場合など），（4）AIIB はフィリピンがかつて中国資金によるプロジェクト（全国ブロードバンドネットワークやノースレイルプロジェクトなど）で経験した，汚職や不正行為を避けることができるかどうか，（5）フィリピンみず

56）http://www.philstar.com/business/2015/03/25/1437130/
purisima-warns-against-use-aiib-political-tool

からがインフラプロジェクトを実施するにあたって，透明性と効率性の基準を順守できるかどうか，といった問題点を指摘している [57].

APEC や AIIB とは別に，中国はフィリピンに「21 世紀海上シルクロード構想」の一員となってほしいとの希望も伝えていた．中国大使館の声明には，次のような文言がある．

> 「中国とフィリピンの間には古代より千年以上にわたって，海をはさんで交易，文化，人の交流が行われてきた歴史があります．フィリピンは中国 – ASEAN 海洋協力の一員であるばかりか，21 世紀海上シルクロードの一部でもあります……中国はフィリピンが 21 世紀海上シルクロードの積極的かつ建設的なパートナーとなることを歓迎します．このことはフィリピンの国益に合致し，フィリピンの社会・経済開発に資することになるでしょう」[58]

この海上シルクロード構想に対し，フィリピンは本章執筆時で態度を決めていない．

AIIB や APEC，21 世紀海上シルクロード構想といった中国のアジェンダに，フィリピンがどのように対応していくのか，またその対応が，領有権や海洋資源をめぐる中国側の強引な主張への対抗とどう折り合いを付けられるのか．その帰結は，依然として定かではない．

---

57) http://www.fsi.gov.ph/the-asian-infrastructure-investment-bank-considerations-for-the-philippines-by-andrea-chloe-a-wong-vol-ii-no-11-may-2015/

58) https://ph.news.yahoo.com/blogs/the-inbox/10-min-aquino-xi-talk-paves-way-to-major-policy-shift-224630697.html

II

華人世界の中の多様性

第4章
タイ
不安定な国内政治が生み出した対中関係

ケヴィン・ヒューイソン

中国は，東南アジア地域における主要貿易相手国として，重要な投資国として，また地域及び世界で政治的影響力を増している国として巨大な姿を現している．タイにとって中国との関係は，もっとも重要な二国間関係の1つであり，今日まで数世紀にわたり長く，時に複雑な関係が続いてきた．冷戦終了後，この関係は成長し，花開き，今，成熟期を迎えている．「中国の脅威」をレトリックとして用いることはなくなったが，外交は引き続き注意深く，ほとんどの場合，慎重に行われている．

　本章では，2014年5月に起きたタイの軍事クーデター以降を主に扱っている．

　ジャーナリストと研究者の間には，この数年で中国とタイの関係が急速に進展したという共通認識がある．ストレーが「……今日，タイは東南アジアにおいて中国のもっとも緊密なパートナーである……」（Storey, 2015: 1）と表したとおりである．ストレーはこの共通認識を反映して，2014年のクーデター以降，アメリカとの「つながりが弱まり，重要性が薄まる」一方で，「タイは中国に近づき，依存するようになった」と述べている．ジャーナリストはこうした事態に刺激され，中にはタイが西側との同盟関係を離れ，中国側に寝返ったとする人騒がせな報道もなされた（2016年3月7日付 *The Straits Times*）[1]．

　本章での主張は，さほど人騒がせなものではないが，中タイ関係が数年前に始まった変化のパターンを踏襲しており，中国がタイにとって近代史の中でもっとも重要な存在となる一方で，2014年のクーデターが大きな転換点とはなっていないことを

---

　1)　こうした報道が起こること自身，クーデター後の米タイ関係が悪化していたことを示している．

指摘するものである．ストレーが述べているように，クーデター以降，タイ政府は北京との関係を重視するようになったものの，こうした「傾斜」は数年かけて進展してきたからである．

多くのジャーナリストが中タイ関係に興奮したのは，2つの独裁政権が互いに協調しようとしているからであり，以下で示すように，この点はきわめて重要である．ところが，こうした説明では，選挙で選ばれた政権のもとで変化が生じていた現実が見過ごされやすい．以前の政権は，軍事政権下では不可能なアメリカとの友好関係を維持していたため，「傾斜」が寝返りのように見えるのである．

1 対中関係小史

現在の中国とタイの人びととの間には数世紀に遡る関係がある．タイ族の起源が中国北部にあるとする主張は，長く定説とされてはいないものの，教科書やウェブサイトには繰り返し登場する．アユタヤ国王が中国皇帝を承認したこと，中国がアジアの商都であったこと，また，中国人がアユタヤに住み交易を行っていたことなどが知られている．外交関係は良好で，交易と朝貢に基づいていた．タイの統治者は中国から学ぼうとし，アユタヤの支配層は中国の陶磁器を富の象徴として使用していた．

1767年にビルマがアユタヤを破壊した後，タクシン将軍はシャム湾［現タイランド湾］の華人入植者も含まれていたとされる小規模な軍隊に守られながら，トンブリーにタイ王国を再建し，タクシン王となった．タクシンは，潮州出身で徴税役人の父とタイ人の母の間に生まれた．タクシンは現在のチャックリー王朝を創設した兄弟によって倒された．タクシンは貴族や僧侶，役人，中国商人を含む貿易商を敵に回すことになったが

(Terwiel, 2005: 49-61), それでも中国は, 1855年にバウリング条約を締結するまでタイ王室が管理する貿易の主要相手国であり続け, 条約締結後も中国からの移民は増え続けた. 1880年代後半から1930年代にかけて, 約100万人の中国系住民がこれに加わった (Skinner, 1957).

貿易が拡大するにつれ支配層が膨らみ, 外国人や中国人の実業家を抱えるようになった. 華人の中には爵位を授かり, 荘園を手に入れる者もいた. 実業界では, 中国系の商人や王族, 貴族, 西欧の同業者が協力しあいながらも競争しあう事業の仕組みを発展させ, これが1932年まで機能し続けた (Hewison, 1989). 同時に, 交易や産業が発達するにつれて労働力が不足し, 特にバンコクや南部のスズ鉱山ではその傾向が顕著になった.

19世紀後半, バンコクの人口のおよそ4分の1から半分が華人となった (Porphant and Tsubouchi, 2001). 中国系は商人階級を支配した. 台頭する資本家階級と外国の買弁資本家のほとんどは華人であった. バンコクや県, 郡の町では, 商店経営者と農産物取引の仲買人は華人が担っていた. バンコクの都市労働者階級の大半は中国系となり, こうした傾向は, 彼らが上昇移動によって中産階級となる20世紀半ばまで続いた (Hewison, 1989).

この間, 混血もすすんだ. 移住者の多くは男性で, タイ人女性と結婚しない場合には, 他国に移るか中国に戻る傾向があった. タイ人女性を妻とし, タイ式の名前を用い, 国王に忠誠を誓えば, 少なくても一昔であれば, 移住者は十分に「タイ人化」できた. ところが中国で辛亥革命や社会主義革命が起こると, 事情が変わり始めた.

イギリス崇拝者のラーマ6世 (幼名ワチラーウット) はペン

ネームを用いて悪名高い小論文「東洋のユダヤ人」(1941 年)
を著し，タイにおける中国人の政治的忠誠に疑問を呈した．同
様に，共和主義やボルシェビキの思想に対する恐れから，国王
は多くのヨーロッパの投資家やアドバイザー同様，特に華人系
の労働者階級と彼らの政治的ストライキを好む傾向を懸念した．
国内政治の大部分に中国及びタイ国内の中国人が関わっていた
ため，20 世紀の前半には中国の出来事（辛亥革命や日本の中国
侵略，国共内戦など）と関係をもつことになり，タイ国内の中
国系の間では，その都度組織化と資金集めが行われた．

　王権神授説が退けられた 1932 年には，軍部指導者が日本
とヨーロッパのファシズムに傾倒し，反中国法が制定された期
間もあった．1945 年にはこれも終わりを告げ，その後移民が
再び急増する．中国への送金について時に不満の声が上がった
が，冷戦中は忠誠心に対する疑問が再浮上しただけだった．

2　冷戦体制の崩壊が生み出したもの

　1949 年の中国革命と冷戦の到来により，中タイ間の政治的
関係は長期にわたって冷え込むこととなった．冷戦期間中にタ
イと中国の間で公式の接触がほとんどなかったのは，タイの軍
指導者がアメリカとの緊密な関係と，それによってもたらされ
る寛大な恩恵にすり寄っていたからである（Baker and
Phongpaichit, 2005: 140-167）．

　冷戦下では，中国は毛沢東主義を公然と掲げ，タイ共産党を
支援した（CPT, 1978）．1960 年代から 1970 年代にかけて
タイ共産党の反政府活動は拡大し，タイ共産党に対する中国の
支援は，中タイ関係を再構築する大きな障害となった．実際の
ところ，1958 年から 1973 年まで軍事政権が続き，タイ共産

党との闘いとアメリカとの同盟関係から，中タイ関係は非友好的であった．当然のことであるが，経済交流は限定的で，敵意すら招いた．タイ（及び華人）の実業家は，1950年代後半には「レッド・チャイナ」の安売り攻勢がタイ経済に打撃を与えていると不平を述べた（V.N., 1959）．そのため，軍事政権は中国商品の輸入を禁止した．

1973年にタイの軍事政権が倒れ，両国の関係改善が可能となった．いかなる政策変更にも反対する保守派との間で中国をめぐる激しい議論が行われた（Pansak, 1971）．しかし，より自由な政権が発足し，アメリカがインドシナ戦争から撤退，1970年代前半には実業界が貿易再開を求めるようになるなど，変化の予兆がある中で，第一次オイルショックによって関係改善を求める声が大きくなった．

興味深いことに，1973年12月に中国への最初の公式訪問を行ったのは，軍事政権の末期に外務副大臣に任命され，文民政権下にあってもその地位にとどまった右派のチャートチャーイ・チュンハワンであった．国交が正常化したのはその18ヶ月後，両国の高官による相互訪問が行われてからのことである．

タイ共産党に対する中国の支援は，引き続き両国の関係緊密化にとって妨げとなっていた．とりわけ反共主義者や1976年10月のクーデターで政権に復帰した軍部にとってはそうだった．ところが局面が変わったのは，1978年に当時の鄧小平副首相がタイを訪問し，タイ国王に謁見するとともに，当時の皇太子の出家の儀式に参列してからである．地域が大きな政治的混乱にある中で，鄧小平の訪問は安定したタイを望むものとなった（1978年11月17日付 *Far Eastern Economic Review*）．

ヴェトナムのカンボジア介入によって，クメール・ルージュなどの反ヴェトナム勢力が西欧諸国とタイの同盟国となった．

中国はタイ共産党への支援を打ち切り，1979 年 7 月には雲南の無線送信機基地「タイ人民の声」を閉鎖．タイ共産党は派閥闘争に陥り，崩壊した（Baker, 2003）．

1980 年代の終わりまでに中タイ関係は友好的なものとなり，タイの指導者の中には中国を軍装備品の調達先としてだけでなく，自国の開発にとっての「モデル」と見なす者も現れるようになった（1988 年 11 月 28 日付 The Nation）．

3 ポスト冷戦体制下での貿易と投資の拡大

1970 年代末からは，中国の市場改革や適切な外交関係の発展に続き，貿易と経済協力が二国間関係の中心となった．

1975 年時点での貿易額は 2,500 万米ドルと微々たるものだったが，1978 年には最初の貿易協定が調印され，タイではローテク輸入品が急増した（たとえば，中国からのラジオやシルクの輸入品が，割高な日本の輸入品に取って代わった）．タイのコメや中国の石油など，「友好」取引協定もあった（1980 年 4 月 4 日付 Far Eastern Economic Review）．しかし，協定によって中タイ合同経済協力委員会が設置され，相互投資保護が強化されるようになったのは 1985 年になってからである．

2013 年には，中国がタイにとって最大の貿易相手国となり，日本に取って代わった．貿易の拡大は段階的で，中国がタイの貿易相手上位 5 ヶ国以内となったのは 2002 年のことである．こうした変化は世界の工場として中国が台頭したためだが，1997 年から 98 年にかけて生じたアジア経済危機によって，タイ国内で経済のリストラが進んだことも関連していた．

経済危機は，中タイ間の経済関係を変える大きな契機となった．事実，経済危機前の中国は生産や貿易の競争相手と見なさ

第 4 章　タイ──不安定な国内政治が生み出した対中関係　109

れていたが，中国政府が採った景気後退への対応策によって，信頼できる仲間であるとの見方が広まることになった（Chalong-phob, 2010）.

　貿易以外でも，2005年の終わりまでに，中国は払込済み資本金が28億米ドルを超えるタイへの投資案件を3,864件承認した．ところが，その投資総額は3億3,800万米ドルにすぎず，数字は大きくなったものの，中国のタイへの直接投資は依然，限られたままである．たとえば，中国のタイへの海外直接投資額は2010年にオーストラリアを上回ったが，マレーシアを上回ったのは2014年になってからである．タイへの直接投資額（2015年時点）をタイ銀行の数字で比較すると，中国は31億9,000万米ドルで，日本の660億米ドル，シンガポール270億米ドル，アメリカの150億米ドル，オランダの120億米ドルに遠く及ばない[2]．海外間接投資でも，タイにおける中国の役割は小さなままである[3]．

　中国商務部の統計では，2011年から2015年までの投資国上位10位内にタイの名前は入っていないが，タイ銀行の統計では，タイの海外投資先上位10位の中に中国が入っている[4]．

　タイの大物華人実業家が所有している企業の中には，中国投資のパイオニアがいる．もっともよく知られているのは，CP（チャロン・ポカパン）グループである．進出してから35年がたち，農産業や食品，自動車部門，販売・流通，金融，銀行・

---

[2]　http://www2.bot.or.th/statistics/Download/EC_XT_063_ENG_ALL.EXL（2016年10月1日アクセス）

[3]　http://www2.bot.or.th/statistics/Download/EC_XT_065_ENG_ALL.XLS（2016年10月2日アクセス）

[4]　http://www2.bot.or.th/statistics/Download/EC_XT_064_ENG_ALL.XLS（2016年10月2日アクセス）

保険，不動産や医薬品など，中国で手広く事業を展開している [5].

　貿易は盛んだが投資はさほどではない．とはいえ，中国経済の台頭と成熟化の進展によって投資も上向いていくだろう．リードが示しているように，「タイにおける産業資本蓄積の水準ゆえ，対中貿易は工業製品の相互交換に基づいている」（Reid, 2016）．このように，タイの貿易総額に占める農産物の割合は急速に低下し，高付加価値な工業製品の輸出の割合が上昇している．

4　中国と軍事政権

　2014年5月，軍部がクーデターを起こし，選挙で選ばれたインラック・シナワット政権を失脚させた．歴代政権と同じように，インラック政権も中国と数件の二国間協定に調印し，相互訪問を行うなど精力的に関係をもった．インラックの兄タクシンも2001年から2006年までの首相在任中，中国と近い関係にあった．インラック同様，タクシンもアメリカと友好的に付き合った．

　インラック政権は安定していたが，それでも西側と中国の双方から外交的支援を受けていた．ところがクーデターが起きると，アメリカは軍事介入にお決まりの非難をしただけだった．その結果，アメリカは法律の定めるところに従い，少額の軍事援助予算を削減した．常軌を逸した言動ですぐ怒るプラユット・ジャンオーチャー陸軍大将を首相とする軍事政権は，アメ

---

5)　CPグループによるウェブサイト http://www.cpgroupglobal.com/global を参照のこと.

リカの警告を真に受け，自身への攻撃だと受け止めたようである（Pavin, 2016）．中国は例の如く，内政上の問題であるとして公的には沈黙を守り，すぐに軍事政権相手の対応に切り替えた（Storey, 2015: 14）．

　西側の多くが軍事独裁政権を批判したこともあって，政権はロシア，太平洋上やアフリカの小国，カンボジアなどの独裁国家，中国といった，西側以外の国との親密な関係を模索するようになった．

温かい抱擁？

　軍事政権下での外交姿勢の変化については，これまでさまざまな解釈がなされてきた．

　評論家の中には，中タイ接近はクーデターを非難したアメリカへのしっぺ返しだと見る者も，歴史的な引力が働き，中国のプレゼンスが大きくなっているがゆえに，タイの中国「回帰」が起こっているのだと解釈する者もいた（Meyer, 2015）．アジア全域で中国の台頭に対抗できなかったアメリカを非難し，「タイでも東南アジア全体でも，20年もの間一貫した政策をもってこなかった」と指摘する者もいる（2015年11月15日付 *Bangkok Post*）．

　ところが，民主制と独裁政治の間の壮大なイデオロギー闘争だと見る者もいる．シティナン・ポングサッドヒアックは，もし中国が「一党独裁の中央集権国家として世界最大の市場経済をうまくコントロールできれば，経済的な成功と独裁体制を両立させる他国のモデルとなりうる」（Thitinan, 2016）と見ている．

　タイは台頭する勢力と衰退する勢力の間で立ち位置を変えているだけだとする意見が流布しているが，多分そうではないだ

ろう．シティナンの新冷戦＝修正ドミノ理論が物議をかもしているが，中国の政治的位置づけがタイの軍事政権にとって重要であることは間違いない．軍事政権はクーデターに対するアメリカの反応は否定的なものになるとわかっていたし，中国は相互不干渉を徹底し，アメリカが軍事政権との関係を格下げする機に乗じてくることもわかっていたはずだ（Storey, 2015: 14）．同時に，前述のように，軍事政権が中国を重視する経済的な理由もあった．これらの論点は，あまりに当然のもののように思えるが，これこそ軍事政権下の中タイ関係のスタイルだったのだ．

　2014年のクーデター当時，タイ経済は不況下にあった．2016年のデータでは景気が上向きになっているが，クーデター後は不況だった．クーデターによってビジネスへの信頼感が上向くことはほとんどなく，特に西側相手国の間ではそうだった．これに世界経済の不安感と脆弱感が加わった．経済活動が不振だったこともあり，軍事政権は日本と中国を重要な貿易相手国と見なした．

　以下本節では，中国との経済関係に焦点を当てる．軍事政権下にあって，観光，インフラ，商品取引の3つが，中タイ関係の重要な役割を果たしている．

中国からの投資への強い期待

　インフラが注目されることが多いが，象徴的で重要なのは観光である．

　2006年から2014年までの間に起きたクーデターと政治的不安定は，すべての企業にとって好ましいものではなかった．観光でも，多くのホテルや旅行業者が苦戦していた．中国からタイへの観光は過去10年の間で大きく成長し，中国からの観

光客がもっとも多くなった．2015年時点で，ほぼ3分の1が中国からの観光客で，800万人がタイを訪れた計算になる．軍事政権は数値の伸びを，経済にとっての希望の光だと歓迎した（2016年4月14日付 *CCTV America*）[6]．また，中国人観光客の来訪者数の増加は一種の信任投票であり，みずからが主張する「政治的安定性」の始まりとも見ていた．

中国の李克強首相が2014年12月にタイを訪問した際，首相は「軍部の政権奪取以降タイを訪問された中で，もっとも卓越した外国の指導者」と形容され，バンコクの軍部は，李首相の訪問はタイにとって「政治的問題が貿易の障害にならないことを示すよい機会」であって，タイは「正常で……新たなタイ式民主主義に向けて努力している」ことを力説した（2014年12月20日付 *The Diplomat*）．タイの政治は正常な状態に戻ってはいないので，後段の民主主義に関するくだりが無意味なことは明らかだが，中国の支援は温かく迎え入れられた．李首相の訪問の目玉は2つの覚書で，1つの目玉は鉄道プロジェクトに関するもの，もう1つの目玉は農産物の購入に関するもので，2つとも軍事政権にとって重要な案件であった．

クーデター直後から，軍事政権は中国の投資が国の経済を救うだろうと主張していた．経済情勢がよくなかった時の政権は，中国の「関心」を挙げては，事態は改善の途上にあると主張した．たとえば，アピサック・タンティボラウォン財務大臣は，「中国では多くの企業がさまざまな分野に関心を寄せてきており，中国からの投資が増えることを期待している」と楽観的に主張した．財務大臣は，政府系投資ファンドの中国投資有限公

6）観光関係の統計資料や，その分析については，http://www.thaiwebsites.com/tourism.asp を参照のこと．

司に注目し，同公司が「タイ・インフラファンドへの投資に強
い関心を示した」と語った（2016 年 2 月 1 日付 *The Nation*，
傍点は引用者）．同様に，タナサック・パティマプラゴーン外務
大臣は中国との貿易や投資の可能性に首ったけで，中国側のパー
トナーに「もし私が女性なら……閣下と恋に落ちるでしょ
う」と語った（2016 年 2 月 2 日付 *Time*）．

鉄道プロジェクトをめぐる駆け引き

近年インフラ整備に対する意欲はすべての政権に共通してい
るが，軍事政権は交通インフラを改善するために 750 億米ド
ルのマスタープランを公表し，その大部分を鉄道投資に向ける
と公言した．中タイ鉄道プロジェクトへの投資だけで 100 億
米ドルから 120 億米ドルかかり，これは昆明とシンガポール
を結ぶ一帯一路構想に合わせたものとして喧伝された（2016
年 5 月 2 日付 *The Nation*）．

当初の話し合いでは，バンコクからラオス国境のノンカイま
での複線化が想定されていたが，実はこの提案は新しいもので
はない．アピシット・ウェーチャチーワ政権（2008-2011）
の時代から，中国側がこのプロジェクトを進めてきたからであ
る（2016 年 4 月 1 日付 *The Diplomat*）[7]．ところが，軍事政権
にとって経済的成功がどうしても必要であったため，交渉はク
ーデター直後から激しいものとなった．

2014 年 12 月，タイと中国は「タイ交通インフラ整備戦略
的枠組み（2015-2022）」に基づき，鉄道協力に関する覚書に
調印した（2015 年 12 月 19 日付 *Shanghai Daily*）[8]．その直後，

---

7) 軍事政権が進めていた高速鉄道プロジェクトは 2 件あり，もう 1
つのプロジェクトでは日本の資金や技術の導入を検討していた
（2016 年 6 月 7 日付 *Bangkok Post*）．

南寧で開催された中国ASEAN博覧会の会場で，タイのタナサック・パティマプラゴーン副首相は，鉄道と関連する経済特区は「タイとその近隣国での経済発展を促す」だろうと語り，大胆にも「建設は……今年（2015年）の末までには始まるはずだ」と公言した（2015年9月21日付 *Shanghai Daily*）．

しかし工事は始まらず，2016年の末になっても始まる気配を見せなかった．ところがタナサックの発言は，タイが中国寄りになりつつあることを日米に知らしめた点で重要だった．2015年12月にまだ始まっていないプロジェクトの起工式が行われた際にも，この発言が繰り返された．この時点でも交渉は終結していなかったが，プロジェクトを起工することが国内外の消費にとって重要だったのである（2015年12月17日付 *Bangkok Post*）．

バンコク・ポスト紙は，この起工式を「今年（2015年）には建設を開始するとの公約を守ったふりをしただけのもの」（2015年12月19日付 *Bangkok Post*）と評した．中国にとって，覚書は，何年もダラダラと続いてきた状況を打破し，シンガポールにまで鉄道を伸ばすといった目標に近づけるものだった．しかし交渉は思うように進まず，これがまた工期の遅れにつながった．こうしたやり取りからは，中タイ間に美しい「友好」関係があるようには思えない．

長引く交渉の帰結

交渉が長引く中で，国内ではプロジェクトへの反対が起こり，中国の参加条件，とりわけ金利や建設予定地の権利をめぐって，

---

8) 観光から北極探検を含む，さまざまな覚書が結ばれていた（2016年4月6日付 *Shanghai Daily*; 2016年9月28日付 *Travel Biz Monitor*）．

反対の声が大きくなった（2016年5月5日付 *The Straits Times*; 2016年5月19日付 *The Nation*）．覚書が調印されるやいなや，この取り決めによって受け入れがたい額の債務を負わされるのではないかといった懸念も生まれた．中国側が低金利融資を提供しないことへの不満が大臣たちから出されるようになり，バンコク・ポスト紙は，「中国はもっと寛大さを示すべきである．この鉄道プロジェクトは東南アジアへの投資というだけでなく，中国政府が近隣の小国にとって真の友人であることを証明するものなのだから」と主張した（2015年12月25日付 *Bangkok Post*）．

　大臣たちは，中国の見積もりが高すぎ，プロジェクトへの投資額が十分ではないとした．そのため交渉は行き詰まり，基本設計をめぐって多くの対立が生じた．その結果，複線化計画も，経費節減のため単線とされた（2016年1月21日付 *Bangkok Post*）．

　ザ・ネーション紙は，インフラより政治の方が心配だとして軍事政権をこきおろし，政権の取り組み方が場当たり的で無計画，単に「（自分たちが追い出した政府よりは）上手くやれることを示していただけだ」（2016年2月10日付 *The Nation*）と断罪した．同紙は2日後の論説で，プロジェクトをめぐる中国側の地政学的な野心についても論評し，もっとゆっくりプロジェクトを進めるよう求めた（2016年2月12日付 *The Nation*）．

　建設予定地域では，鉄道の恩恵について疑問が表明されるようになった（2016年3月14日付 *The Nation*）．メディアは中国側の動機を疑問視し，実際には多くの問題があるのではないかと推測した（たとえば，2016年3月28日付 *Bangkok Post* 参照）．

こうした社会的圧力から，軍事政権は一連の公式声明で，タイにとって「よりよい条件」を模索すると宣言した．アーコム・トゥームピッタヤーパイシット運輸大臣は，中国側との話し合いが基本的な意思決定の段階で行き詰まっていること，6対4の株式保有比率や鉄道の種類（高速か中速か），プロジェクト・ファイナンスについても交渉中であることを明らかにした．アーコムは中国側のプロジェクト見積もりが「高すぎる」とし，「中国に恩恵をもたらす戦略的な路線なのだから，投資額を増やすべきである」と主張した．中国外交部はこれに応え，鉄道建設は「タイの社会・経済の成長に裨益し，タイは地域のハブとなるだろう」と指摘した（2016 年 3 月 1 日付 *Bangkok Post*）．

2016 年 3 月下旬の李首相との会談後，プラユット首相は中国側との協議が成立せず，「鉄道プロジェクトへの全額出資を決断した」と発表した．これによりバンコクからコラートまでの高速鉄道へと，プロジェクト規模は小さくなったが，プラユット首相はプロジェクトの重要性を改めて強調した．

この決定は，請負業者の選択権をもつ中国側を驚かせた．首相は中国側の請負業者にプロジェクトを「監督」してタイの技術者や労働者を使うだけでなく，タイの技術者と役人に技術移転と研修を施すよう依頼したからである（2016 年 3 月 24 日及び 25 日付 *Bangkok Post*，2016 年 3 月 27 日及び 5 月 19 日付 *The Nation*）．タイ側は，再び，中国側に見積もりを下方修正し，融資条件と利子を改善するよう求めた（2016 年 5 月 14 日付 *The Nation*; 2016 年 10 月 1 日付 *Bangkok Post*）[9]．

---

9) 日本政府が提示した借款の利子は，中国政府のものより低かった（2016 年 9 月 30 日付 *Bangkok Post*）．

軍事政権は，メディアを操作しつつ，2016 年後半には手始めに 3.5 キロメートル区間のプロジェクトに着手すると発表した（2016 年 9 月 21 日付 *The Nation*）．プロジェクトの協力覚書は北京で調印され，コラートからノンカイまでの延長が復活した（2016 年 12 月 12 日付 *Xinhua News*）．とはいえ，調印時点でも資金問題は解決されていない（2016 年 12 月 3 日付 *Bangkok Post*）．

　このように中タイ双方は，経済的利益ばかりか政治的・地政学的利益も追求したが，事業と開発援助につきものの問題に陥った．こうした巨大プロジェクトはタイ固有の障害に直面する．政治的な不安定さも一役買っているが，汚職，土地所有をめぐるナショナリストの不安，長過ぎる承認プロセスなどが原因で，長年にわたってインフラプロジェクトが遅れ，立ち往生してきた．中タイ間のプロジェクトは，同じ困難に直面する運命にあるようだ[10]．

農産品取引をめぐる交渉

　2014 年の李首相訪問のもう 1 つの成果は，コメと天然ゴムをめぐる覚書の締結である．

　クーデター発生時点で，タイはコメと天然ゴムの備蓄を大量に抱えていたが，両産品とも政治問題化しやすい．軍事政権や 2013 年から 2014 年にかけての反インラックデモ参加者は，インラック政権によるコメ担保融資制度に非難の矛先を向け，インラック政権は崩壊後，多額の関連債務に直面した．また価

---

10)　その悪名高い例が，香港の実業家ゴードン・ウーが推進してきたバンコク高架鉄道輸送システムプロジェクト（別名ホープウェル計画）である．同プロジェクトは 1990 年に調印されたものの，1992 年に中断，1998 年には計画が破棄されている．

格低下によって，天然ゴムが軍事政権にとっての政治課題となった．というのも，クーデター支持派の政治拠点となっているタイ南部は，天然ゴムの価格低下と売り上げ不振に苦しんでいたからである．

報道によれば，農産物をめぐる覚書は「中国の善意という大見得をきった中国側の宣伝」であり，李首相は「タイ……の豊富な農産物を消費できるのは，膨大な市場と巨大な購買力をもつ中国だけだ」（2014年12月20日付 *The Diplomat*）と述べたとされる．実際のところ，中国はタイのコメの二大消費国のうちの1つのままだったし，2016年の購入量は2015年に届かなかったが，軍事政権はみずからの政治目的のために，中国との「取引」を喧伝した[11]．

天然ゴムの政治的性格に焦点が当てられるようになるのは，プラユット・ジャンオーチャー首相が，中国のタイヤメーカー2社が「タイのゴムコンパウンド加工プロジェクトへの投資に関心を示した」と拙速に発言してからである（2016年1月1日付 *The Nation*，傍点は引用者）．この発言が反対を表明している天然ゴム生産農家のご機嫌を取るためのものだったとしたら，それは見当違いだった．生産農家への補助金を準備しなければならなくなったからである．中国の投資に関しては，2012年11月に山東玲瓏輪胎がラヨーン県に7億米ドルをかけて新設したタイヤ工場が増設を続けているとの報道があるだけである（2016年10月11日付 *Bangkok Post*）．

中国企業が市場や投資機会だけでなく，安い生産用地を求めるようになっている点も，留意しておかなければならない．

---

11) コメの取引に関するデータについては，http://www.thairiceexporters.or.th/export%20by%20country%202016.html を参照のこと.

クーデター後のタイで中国の投資はどのように進められてきたか. 公式データによれば, 2014年から2016年にかけて, 中国の投資家は活発だった. 中国企業は市場の拡大に関心があるようで, たとえばチャイナ・デイリー紙は, 「欧米ではコストが上昇し, ダンピング防止関税が法外に高いため……中国の太陽電池パネルの主要メーカーは, 世界最大の国内市場から次第に隣国タイへと新規投資先を変えつつある」(2016年1月25日付 *China Daily*) と説明している. タイは, 政府による支援策, 高まる需要, 低い輸出関税, 安価な労働力, 低コストの土地と事務所などを提供できる. ところが前述のように, 中国のタイへの投資は, 日本やアメリカ, シンガポール, ヨーロッパ諸国に比べても低調なままである.

中国との「プロジェクト」を公表するのには政治的な動機があるが, 以上の事実からわかるのは, 中国は10年以上にわたって主要な貿易相手国であったものの, 投資案件は少ないままだということである. これが成熟期を迎えている, 支配的でも威圧的でもない経済関係の実態である.

防衛協力

アメリカとの長年にわたる同盟関係ゆえに, 中タイ間の防衛協力は大きな注目を集めているが, 同時にいくばくかの不安も呼んでいる. 実際, 中タイ関係は軍事政権の中国への傾斜を物語っており, ストレーが述べているように, 2014年を境に「中タイ間の防衛協力が花開いた」(Storey, 2015: 3). 経済協力と同様, 両国間の防衛協力の進展には長い時間がかかったが, 冷戦が終わり, かつては脅威とされた中国も, 今や信頼できる同盟国と見られている (Storey, 2015: 11).

その証拠とされているのが, 2015年2月の常万全国防部長

によるタイ訪問である．その際調印された協定は，中国が「防衛技術に関する助言」と「国際犯罪に関するデータの受け渡し」を約束するものだった（2015 年 3 月 23 日付 *Forbes*）．タイ側は合同軍事演習に関する計画を発表し（2015 年 3 月 23 日付 *Forbes*），2015 年 11 月には，両国間で初めての空軍合同演習であるファルコン・ストライク 2015 が行われた．演習のため 180 人の中国人将校がコラート空軍基地を訪ねたが，同基地は 1960 年代には米軍基地だった（2015 年 11 月 15 日付 *Bangkok Post*）．2016 年 5 月には中国とタイの海軍がブルー・ストライク 2016 合同演習を行った（2016 年 5 月 23 日付 *The Diplomat*）．

こうした軍事演習の実施を両国の関係強化の証と見るアナリストもいた．ところが両演習とも限定的なもので，両国の軍事協力は 1980 年代から行われていたし，合同演習も 2007 年には始まっている（Nguyen and Billingsley, 2013）．

ブルー・ストライク 2016 は，2010 年，2012 年に次ぐ 3 度目の演習であったが，ほぼ同じ時期にタイとアメリカの海軍も合同演習を行った（2016 年 5 月 24 日付 *Stars and Stripes*）．中タイ空軍の合同演習は初めてで，小規模なものだったが，数ヶ月後にはタイとシンガポール，アメリカの空軍による，はるかに大規模な演習が同じ基地で行われている（2016 年 3 月 21 日付 *Airforce Technology*）．

調達の分野では若干の進展はあったが，確定発注はほとんどなかった[12]．2015 年半ばにタイ海軍は 3 隻の中国潜水艦の購入を検討していると発表したが，1 年後に再び同じ発表がな

---

12)　1980 年代以降，タイへの武器の主な供給元は一貫してアメリカであったが，最近では，スウェーデンやウクライナ，中国，イスラエルなどからも武器を輸入するようになっている．

された．タイ海軍は長いこと潜水艦を切望しており，以前はドイツや韓国から潜水艦を購入することを検討していたが，その都度国内からの圧力があり，発注に至っていない．2017年初頭時点で，中国潜水艦の購入についての確定情報はない．

2016年12月にはプラウィット・ウォンスワン国防大臣が，タイ軍が保有している中国の装備品を部分的に修理・保守したり，小型の武器やドローンを製造したりするための工場をタイに建設するよう，中国側に提案した．この提案に中国側は乗り気なようだが，詳細が固まるには時間がかかるだろう（2016年12月21日付 *South China Morning Post*）．

さらに広く見れば，南シナ海における中国の戦略的なポーズのおかげで，この地域一帯の防衛費が増大した．タイ軍の予算は大幅に増額され，戦車から潜水艦やミサイルまで新兵器への関心を高めている．タイ軍の新兵器に対する関心が高まっているのは，権力を掌握したため予算がとりやすくなり，「手数料の支払い」を通した軍高官の汚職が広がったためでもある．

経済分野と同様，防衛協力においても劇的な声明と報道が多数行われたが，そのいずれもが従来の延長線上にあったといってよい．2014年のクーデターが中国との防衛協力の幅を広げる好機となったことは明らかだが，熱意の大きさと意図の表明にもかかわらず，状況はこれまでとほとんど変わっていない．

民族的・文化的関係

投資や貿易，観光での中国の台頭にともない，文化的な関係にも注目が集まり始めている．民族性にも光が当てられるようになり，タイ人エリートの間での中国系出自を表明する機会が増えている．

文化の領域では，中国が大学に大きな圧力をかけた結果，

13 校の孔子学院が開設されたが，他国のような論争はタイでは生じていない（Ruji, 2014）．その原因の一端は，孔子学院が政府間組織と考えられ，王室，特に中タイ両国の架け橋を自認するシリントーン王女と密接に関係していることにある（2016 年 4 月 6 日付 *Xinhua News*）．

　また，民族をベースにしたビジネス関係にも注目が集まっている．タイではフォーブスの長者番付リストの上位がすべて華人であることは，つとに知られている．タイの政治的・経済的リーダーの多くが，何らかの形で中国と民族的につながっている．

　巨大複合企業 CP は，数十年にわたる対中投資にあって，みずからが中国系の出自であることを強調してきた．2014 年のクーデター以降，中国人によるタイへの投資を促進するためタイ国中華総商会の役割を促そうとする動きもあった（2016 年 1 月 28 日付 *National News Bureau of Thailand*）．ところが，中華総商会の影響力は弱まり，タイの大物華人実業家とのつながりもほとんどない．

独裁政治連合

　タイは，インドシナ戦争やクメール・ルージュ，最近ではビルマの軍事政権からの避難民を受け入れたことで評価されている．ところが第三国に向かう脱北者や中国人反体制活動家の隠れ家として，あるいは中国からトルコに向かうウイグル人の拠点としてタイが果たしてきた役割については，あまり知られていない．2014 年のクーデター以降，中タイ関係で変化が見られるようになったのは，実はこの領域である．

　2015 年 7 月，100 人を超えるウイグル人がタイから中国へと強制送還された．これに対しさまざまな団体から非難が起

き，トルコではタイに抗議するデモが行われた．タイ政府の説明では，すべてのウイグル避難民を連れ戻すよう中国から要求されたが，大半はトルコに送られ，中国に戻されたのは「少数」だったという．プラユット首相は「むずかしい決定だった」と述べつつも，「とはいえ，中国との関係は壊したくなかった」と付け加えた（2015年7月12日付 *The Atlantic*）．

国連難民高等弁務官はウイグル人の強制送還を「甚だしい国際法違反」だとした（2016年2月2日付 *Time*）．軍事政権は，ウイグル人がトルコへ向かうのを黙認していた従前の政策を変更したのである．

すぐに大きな反発が起こった．2015年8月にバンコクで起きた2件の爆破事件は明らかに中国人観光客を狙ったものだった．観光地で起きた1回の爆発で20人が死亡，多数のけが人が出た．軍事政権下の経済にとって，観光が数少ない希望の光であることは前述のとおりである．ウイグル人の本国送還と爆破事件と関連性はなかったものの，逮捕されたのはウイグル人であった（2015年9月14日付及び2016年2月16日付 *The Telegraph*）．容疑者の裁判は長引き，ウイグル人の中国への強制送還はひっそりと続けられている（2016年9月21日付 *Khaosod*）．

軍部が権力を握る以前，タイでは反体制中国人の政治活動や宗教活動については，ほとんど公にされていなかった．軍部が政権に就くと，中国人の反体制活動家は姿を消したと報道されるか，中国へと強制送還されるようになった．ボイス・オブ・アメリカの報道によれば，2015年と2016年初めに「亡命を希望する大勢の中国人が，タイ当局によって中国に連れ戻されている」（2016年3月30日付 *Voice of America*）という．

その早い時期のものが，2015年10月下旬，タイに長期滞

在していた2人の反体制政治活動家がビザの不正容疑で逮捕された事例である．国連難民高等弁務官が審査し，第三国で再定住させる計画が進められていたにもかかわらず，2人は密かに中国へと送還された（2015年11月17日付 The Guardian）．軍事政権は，国連難民高等弁務官がこの事例に関与していることを知らなかったと弁明した（2015年12月15日付 Bangkok Post）．

その直後，スウェーデンの市民権をもつ中国人がパタヤのアパートの自宅から姿を消し，後に中国の刑務所に入れられるといった事件も起こった（2015年12月8日付 The Guardian）．中国の指導者に関するわいせつな本を出版した香港の Sage Communications 社と関わったこの人物に関しては，タイからの出国記録がなく，密出国か，タイの役人が黙認する形で移動させられたものと思われる（2016年1月19日付 South China Morning Post）．似た例はほかにもある（2016年1月22日付 Bangkok Post）．

危険にさらされているのは，反体制活動家だけではない．2015年12月，中国の公安は投資会社の役員を2,500万米ドル相当の金融詐欺に関わった容疑で拘束した．報道によれば，「中国江西省の警察が11月下旬にパタヤで逮捕した……と語った」（2015年12月18日付 Firstpost）．この事例でも，容疑者は密出国か，タイの役人が黙認する形で移動させられたものと思われる．

中国から逃れた反体制活動家にとって，タイは安全な避難場所でなくなった．安全保障協力に反体制活動家の監視が含まれ，中国の公安や工作員がタイで活動していることは明らかだ．反体制活動家が国境を越えて連行されているのは，中国の公安や工作員がタイ当局の支援を得て活動しているからである．こう

した協力は比較的新しい．中国との連携を深める過程で，軍事
政権は国際法に基づく責任を否定したのである．

5　おわりに

　本章が示しているように，中国がストレーのいう「タイお気
に入りの大国パートナー」（Storey, 2015: 17）になっている
かどうかは，はっきりしない．軍事政権は中国との近さを強調
しているが，これも EU 諸国やアメリカが距離を置いたため，
そうせざるをえなかったからである．軍事政権は国民に何らか
の成果を示し，経済的，戦略的，政治的便益を生む外交能力が
あることを強調しなければならない．ところがよく見ると，公
表された成果は，両国が過去から関係を発展させてきた結果で
ある場合が多い．

　変化があったとしても，軍事政権の政治的性向を反映したも
のがほとんどだ．反体制派の締め付けは日常茶飯で，中国の反
体制活動家に関する二国間協力は，中国のご機嫌をとるための
「友好的な行為」である．

　海外の反体制活動家に対する不安をよく理解しているタイの
軍事政権は，中国という国の能力や手法に感心しているのであ
る．

＊本章の元となる研究は，筆者がマラヤ大学中国研究所の訪問研究者をし
ていた際に行ったものである．その際に受けたさまざまな支援に感謝した
い．

第 4 章　タイ──不安定な国内政治が生み出した対中関係　127

第5章

マレーシア
親中心理を支える構造

楊 國慶

1 はじめに

イギリスのモナクル誌によると，2016年時点の国別のソフトパワー・ランキングで中国は全体で21位（表5-1参照）．韓国を含む，自身よりランクが上になっている自由民主主義国家と競い合うまでにはいっていないようである．モナクル誌は，政府の基準や外交手段，文化輸出，教育力，ビジネス環境などからソフトパワーを測定しているが，2016年時点でドイツが第1位．以下，アメリカ合衆国，イギリス，日本，フランス，オーストラリア，スウェーデン，スイス，デンマーク，カナダがトップ10を形成している（2012年11月20日付 *Oriental Daily News*）．

国際的な世論調査機関であるグローバルスキャン社とメリーランド大学のPIPA（Program on International Policy Attitudes）が23ヶ国とEUを対象にして実施した2013年国別評価世論調査の結果では，中国の影響に対する世界の評価は，調査が開始された2005年以降最低に迫るほど低下しており，肯定的な評価が8ポイント低下して42%，否定的な評価が8ポイント増加して39%だったことから，中国のソフトパワーが力を増しているとはいいがたい．

対中認識が悪化しているのはEU域内だけではない．肯定的評価が5%しかなく，64%が否定的な評価をしている日本はもとより，従来中国の敵とは見なされてこなかった近隣諸国でも，こうした傾向は見られる．事実，オーストラリアの場合，もともと61%が肯定的評価，29%が否定的評価だったのが，

130　II　華人世界の中の多様性

表 5-1　モナクル誌によるソフトパワー調査：2015-2016 年

ランキング	国
1	ドイツ
2	アメリカ合衆国
3	イギリス
4	日本
5	フランス
6	オーストラリア
7	スウェーデン
8	スイス
9	デンマーク
10	カナダ
11	スペイン
12	イタリア
13	ニュージーランド
14	オランダ
15	韓国
16	ノルウェー
17	オーストリア
18	フィンランド
19	ポルトガル
20	ベルギー
21	中国
22	ブラジル
23	シンガポール
24	ポーランド
25	トルコ

出典）https://monocle.com/film/affairs/soft-power-survey-2015-16/

2013年にはそれぞれ36%，55%と，評価の低下が目立っている（2013年5月24日付 *South China Morning Post*）.

こうした現実に，北京外国語大学の喬木教授は「中国が着実に経済力をつけ，みずからの国家イメージの向上を図っていることを考えると，この評価はいかにも中国にとって残念なものである」とはいえ，「経済力が向上しているのに影響力の評価が低下しているということは，中国が世界的に注目を浴び，対外援助や国際協力を増やしているものの，その価値や政治体制が世界から認められていないことを示しているように思われる」と述べている（2013年5月24日付 *South China Morning Post*）.

2007年10月の中国共産党第17回全国代表大会での基調講演で，胡錦濤国家主席は共産党が「人民の基本的な文化的権利や利益を保証すべく，わが国のソフトパワーとしての文化を育まねばならない」と述べている．胡主席の発言が国内向けのものであるとはいえ，中国共産党がこれほどまでに「ソフトパワー」を外交政策上重視していることに注目しなければならない．

国際認識プロジェクト（Global Attitudes Project）の一環としてピュー・リサーチ・センターが世界規模で実施している世論調査の結果によると，マレーシアは，2013年春の時点で，アジア太平洋地域ばかりか（「肯定的なイメージ」を抱いている割合が81%と，インドネシアの70%，フィリピンの48%，ヴェトナムの16%，日本の5%，オーストラリアの58%を凌駕している），世界規模でも，もっとも中国を肯定的に見ている国の1つとなっている [1]．「否定的なイメージ」を抱いている割合で

---

1) https://www.slideshare.net/PewResearchCenter/who-is-up-

も同様の傾向が見られ，マレーシア（8%）はインドネシア（24%）やフィリピン（48%），日本（93%），オーストラリア（35%）よりも，その数値が低い．アジアでマレーシア以上に中国を肯定的に見ているのはパキスタン（「肯定的なイメージ」を抱いているのが81%，「否定的なイメージ」を抱いているのが2%）くらいしか見つからない．

ではマレーシアで，なぜかくも対中認識が肯定的なのか？

2　中国の脅威？——南シナ海をめぐる中国との関係

ヴェトナムやフィリピンの場合，中国と南シナ海における領海問題を抱えているのに対して，マレーシアの場合そのような紛争がない——そんな答えが出てきそうだが，事情はさほど単純ではない．2009年，ヴェトナムと共同で国連大陸棚限界委員会に仲裁付託をした際，中国側は九段線によって南シナ海の80%以上がみずからの領土であると主張し，マレーシアの仲裁付託に抗議したからである．

もっとも中国側の主張によれば，ASEAN5ヶ国及びその石油掘削施設は中国側の領海に入っていることになる．しかも排他的経済水域を主張するヴェトナムとフィリピンの領海も，中国側のものということになる．国連海洋法条約では，領海の幅を測定するための基線から200カイリ以内に設定できるものとされていたが，中国側の主張によれば，

　　　「中国は南シナ海の島々，及びその周辺水域は，わが国固有の領海であり，関連水域及び大陸棚とその下層土への

who-is-down-global-views-of-china-the-us-71813

第5章　マレーシア——親中心理を支える構造　133

主権を有している．……マレーシアとヴェトナム社会主義共和国が共同で付託した 200 カイリ内排他的経済水域の主張は，南シナ海における中国の主権を著しく侵害するものであり，……中国政府は国連大陸棚限界委員会に対し，マレーシアとヴェトナム社会主義共和国による共同付託を受理しないよう，切に希望する」[2]

　2011 年 4 月 18 日，マレーシアのムヒディン・ヤシン副首相と北京で会談した際，李克強副総理は中国側の主張を繰り返し，南シナ海をめぐる問題は二国間で解決すべきであり，スプラトリー諸島をめぐる問題をめぐってマレーシアと二国間協議を行いたいとした．ヤシン副首相はこれに同意し，本案件に関わる他の ASEAN 諸国にこの中国側の提案を伝えると述べた．2011 年 6 月にシンガポールで開催されたシャングリラ・ダイアローグの際，マレーシアのナジブ・トゥン・ラザク首相は，開会の際の基調講演で，2002 年の「南シナ海における関係諸国行動宣言」に代わり，ASEAN と中国は南シナ海問題に関するより拘束力の強い規範に合意することになるだろうと，次のように述べた．

　　「南シナ海をめぐって，いろいろな主張がなされていますが……総じて抑制をもって対応できていると思います……南シナ海をめぐる中国との関係については，ASEAN 共通の立場を守っていきたいと思います．同時に，これによって二国間関係が影響を受けることなく，これからも発

---

2)　http://southchinaseastudies.org/en/conferences-and-seminars-/second-international-workshop/608-clcs-submissions-and-claims-in-the-south-china-sea-by-robert-c-beckman-a-tara-davenport

展していくことを信じてやみません」[3].

　マレーシアは，中国との経済的な結びつきから多くの利益を得ており，これを損ないたくないという理由から，南シナ海問題をめぐっては中国と敵対しない姿勢を貫いてきた．ところが近年の情勢からは，こうした姿勢を維持するのもむずかしくなってきている．たとえばボルネオ島のサラワク州から約80kmに位置するジェームズ礁は，中国側の主張によれば中国の最南端の領土となっており，いわゆる九段線によって領海設定すると，南シナ海3,500 km^{2}の約8割を占めることになる．

　2014年1月26日には，人民解放軍海軍に所属する1隻の水力両用揚陸艇と2隻の駆逐艦を伴った小艦隊がジェームズ礁を巡回し，乗船していた兵士が中国の海洋主権を守ることを宣誓する儀式を行った（2014年1月31日付 The Strait Times；2014年3月13日付 The Baltimore Sun；2014年2月26日付 Reuters）．中国外交部の秦剛報道官は，翌日の定例記者会見で，中国はジェームズ礁に対して「議論の余地のない」主権を有しており，1月26日の巡回をめぐってマレーシア政府から公式な抗議は受けていないと述べた．中国側がこうした主張をするのは，この2年ほどの間で2度目のことで，マレーシア政府によれば，その間，南シナ海のマレーシア領海内に中国軍が7回，合計で16の艦隊を伴って侵入してきたという（2014年3月19日付 Oriental Daily News）．

　秦剛報道官は，中国は「紛争解決のために協議を行い，今後とも地域の平和と安定を守る意思がある」と述べているのに対

---

3) 2011年6月3日の第10回シャングリラ・ダイアローグ（IISS アジア安全保障会議）でのナジブ・トゥン・ラザク首相による基調講演による．

し，マレーシア側は同種の発言をしつつも，国連大陸棚限界委員会での問題解決に力点を置いている．そのため，南シナ海における中国の威嚇行為が激しくなる中で，ASEAN の有力メンバーでもあるマレーシアとの関係が悪化する可能性は大いにある（2014 年 1 月 31 日付 *The Strait Times*）．

　そうであるがゆえに，2014 年のピュー・リサーチ・センターの調査でマレーシアの中国評価が高いのが余計に目につく．マレーシアの対中評価がよいのには，（1）（歴史的に見て，あるいは現状からして，ヴェトナムやフィリピン，日本やヴェトナムに比べて）南シナ海や（たとえばメコン地域におけるダム建設の際のような）領土をめぐる大きな係争がない，（2）ASEAN の中でマレーシアが対中貿易の最大のパートナーとなっている，（3）親中的性格をもつマレーシアの華人系財界人と経済的に太いパイプがある，といった要因が絡んでいる．

3　マレーシアの華人コミュニティ

　マレーシアの華人系財界人の台頭中国に対する視線は，後で詳細に説明する利害関係によって影響を受けているだけでない．祖国に対する感情的な紐帯も，重要な要素となっている．華人コミュニティのリーダーでもある華人系財界人に焦点を当てる前に，彼らの財政的支援に依存している華語教育者の状況を見てみたい．

華語教育者に見られる中国への「恭順」

　彼らは，祖国への「忠誠」と「愛国主義」，党への忠誠に依拠した権威主義的な中国に強い感情的結びつきを感じている．これは，2010 年に劉暁波のノーベル平和賞受賞に当たって，

華語学校理事会総連合会（通称「董総」）が「劉が受賞対象となるとは噴飯ものだ」とコメントしたことや，2012年に董総のオフィスの外で生じた事件をめぐって，法輪功の支持者たちに罵詈雑言を浴びせたことに，よく表れている（この点については，本書150ページ参照のこと）．

　結局華語教育者にとって，権威主義的であろうが民主主義的であろうが，強い中国こそが中国系としてのプライドの源泉であり，みずからの経済的利益や（北京官話という）民族言語の力を保証するものなのだ．華語教育者の一人である呉文寶校長によれば，

　　　「中国の台頭は，マレーシアにとって大きなチャンスです．中国の高等教育が近代化することも，マレーシア人学生にとってはチャンスです．マレーシアの国民型学校で華語教育を受け，すぐれた成績を取った者は，卒業後中国で教育を受けることもできるし，そうなれば中国を深く知り，中国の体制をよく理解することができるようになります．中国での知り合いや友人も増え，結果的に将来の仕事に役立つことになります．学校の休暇を利用して江蘇省への訪問団を組織したのは，マレーシアの国民型学校で学んだ華人系学生にとって中国の台頭や中国の高等教育の近代化を十分に活用し，卒業後にこちらで学んでほしいと思ったからです」（2013年9月11日付 *Oriental Daily News*）．

　モーリタニアのムハンマド・ウルド・アブデルアズィーズ大統領は2014年12月24日，イスラム教を冒瀆する文章を書いた若いムスリム男性に背教的であるとの理由から，司法当局が死刑を言い渡したことにコメントし，「イスラムは至上であ

る．民主主義や自由よりも貴い」と述べた（2014年12月26日付 *APF*）．これになぞって言えば，華語教育者や華人系財界人にとって中国の経済的栄光や国際的認知，軍事的プレゼンスこそ至上であり，民主主義や自由よりも貴い．彼らからすれば，民主主義や自由などといったものは，西側諸国が中国の発展を認めない際に利用する便法にすぎないからである．

　マレーシアの華人系財界人や華人コミュニティのリーダーには年輩者が多く，その親世代は第二次大戦中や日本の占領下で辛酸をなめている．彼らは中国に感傷的なまでの愛着をもち，それゆえ第二次大戦期，中国やマラヤを占領した日本に敵意を抱いている．また，ヴェトナムやフィリピン，インドなど，中国と海洋主権をめぐって争っている国ぐにによい感情を抱いておらず，日本を支持し中国を「封じ込め」ようとするアメリカや西側諸国にも怒りの矛先が向きやすい．

　彼らは中国で資本主義が育まれ，投資や貿易を通じて大きなビジネスチャンスが生まれている，この時代をこの上なく貴重なものと考え，母国が国力を強め，みずからが華人であることを，誇りをもって示せることを心から喜んでいる．中国共産党が権威主義的であることや，言論の自由を弾圧していることは，彼らにとって大きな問題ではない．

華人系財界人に見られる対中認識

　この世代のリーダーにとって，華人系としての経済的な利益こそもっとも重要なものであり，年輩の華人系財界人は，みずからの生き残りと繁栄にとって，どのような性格をもつ者であれ，権力者との互恵的なパイプを作ることがもっとも大切なことだと考えがちだ．ところが，人権や民主主義的な理念，労働者の権利といったものは，さほど重要なものだとは考えられて

いない.

巴生［セランゴール州クラン］中華総商会副会長のダトゥ
［州のスルタンが与える称号］林寛城によれば,

> 「マレーシアの中小企業は中国台頭のチャンスを逃さず,
> 世界市場に進出して成長の機会を捉えるべきです. 中国は
> マレーシアにとっての最大のパートナーで, 年間 1,000
> 億米ドル規模の貿易を行っています. マレーシアの特殊な
> 地理的環境や中国との文化的共通性から, 両国は大変近い
> 関係にあります. 中国が台頭することで, マレーシアの中
> 小企業にとって中国市場がきわめて重要になりました. チ
> ャンスは, すぐそこにあります. 中小企業はチャンスを摑
> み, 勇気を持って中国市場に向かいましょう. 以前のよう
> にヨーロッパやアメリカの市場ばかりに頼っていてはダメ
> です. 中小企業が生き延びようとするのなら, 昔の考え方
> は捨てなければなりません. ビジネスを通じた中国との協
> 調的な関係を築くべきで, 製造業者は中国の製品を利用し,
> 販売業者はみずからの製品を中国に売り込まねばなりませ
> ん」(2013 年 11 月 30 日付 *Oriental Daily News*).

だからといって, マレーシアの華人系財界人が中国を脅威と
見なしていない, というわけではない. むしろ逆だ. 彼らは,
巨大な市場規模をもつ中国の競争者を脅威に感じ, マレーシア
経済（及びマレーシアの中華系ビジネス）が, 競争力強化と低賃
金といった外資を呼び込み, 製品を輸出するのに有利な条件を
もつ中国に敗北するかもしれないと思っている.

実際, ASEAN・中国自由貿易協定の締結は, マレーシア経
済にとって大きな試練となりうる. 中国の労働力は ASEAN5

ヶ国に比べて豊富で，この点で労働集約的産業にとって有利に働く．現在，中国でも賃金上昇が激しく，その比較優位も徐々に失われつつあるとはいえ，沿海部に位置する企業で働く非熟練労働者の月収は，マレーシアのそれに比べて 20% から 70% 安い．モトローラやソニー・エレクトロニクス，エイサー・テクノロジー，フィリップス・セミコンダクターズといったマレーシアを拠点にした企業の中には，労働コストを下げるために製造工程の一部を中国に移管しているものもある．

ASEAN・中国自由貿易協定が締結され，貿易障壁を撤廃することになったため，中国の安い商品を ASEAN 域内に輸出することが可能となった．そのためマレーシアの製造業は，繊維や衣服，白物家電，靴や玩具，プラスチック製品など多くの分野で，国内市場や ASEAN 域内の第三国市場での中国企業との熾烈な競争にさらされている．中でも衣服業者は，国内市場，第三国市場のいずれでも苦戦を強いられており，21 世紀の初頭にマレーシアの中華工商連合会が発表したレポートによると，衣服や繊維関連の 4,000 強の中小企業のうち 3,000 社近くが倒産に追い込まれたという（Yeoh, 2001）．

それだけではない．機械や電気製品，光学機器，時計，金属製品や化学製品など，広い範囲で中国企業が力をつけている．事実，これら工業製品の輸入は中国からの全輸入の 70% を占めている（Wattanapruttipaisan, 2003）．

こうした競争力の強化が，日本やヴェトナム，フィリピンが領土問題をめぐって（特に軍事面で）感じている，直接的な対中脅威認識を生みだしているわけではない．上述の林寛城は，（華人系）マレーシアの中小企業に対して，以下のような警告をしている．

「中国の台頭は世界中の企業に大きな影響を与えています．特にマレーシアの中小企業にとっては，ここ数年が正念場となるでしょう．中国と競って勝たねば，やられてしまうだけです！　現在の中国は経済規模が巨大で，生産に余剰があり，製品も安価です．俗にいう安価な中国製品も，その品質が目に見えて向上しています．そればかりか，多くの科学技術で中国がマレーシアを凌駕するようになり，中国との技術競争に勝てない企業を淘汰しつつあります．中国政府が『走出去［積極的な対外投資戦略］』を奨励している状況にあって，マレーシア企業は自社の体質改善を図り，競争優位を確立しなければなりません．中国企業に太刀打ちできないとあれば，これと協力すべきです．彼らから製品を買い，自社の販売網を利用してこれを売る．中小の製造業者は販売も手掛けているのだから，自社の製品を中国市場に積極的に売り込むなど，別の生き残り戦略も考えておくべきでしょう」(2013 年 12 月 1 日付 *Nanyang Siang Pau*)．

マレーシア華人版「中国脅威論」

　経済問題に関するより学術的視点からのコメントとして，華人系マレーシア人のジャーナリストでありコメンテーターの鄭名列（テーボンリー）による，以下のような「中国脅威論」がある．

　「華人にとって力のある中国は，チャンスか脅威か？この問いに答えるには，われわれが抱く中国への複雑な感情は脇に置き，過度な希望的観測から議論を進めないようにしなければなりません．実際，中国政府は他国の国内政治に干渉する権利などありませんし，他国の政策運営への

第 5 章　マレーシア──親中心理を支える構造　141

影響も経済的な領域に限られています．中国が豊かになった現在にあって，共産党政権は，他国の共産党員にばかり近づこうとする従来のスタイルを変えています．実際の利益を最優先し，世界中の政権党とのみ付き合おうとしています．華人との接触も日常レベルを超えるものでなく，投資や文化，教育などでの付き合いはあっても，そこに政治的意図はありません．中国の台頭をめぐっては，この30年ほどの間に状況は刻一刻と変化しています．1990年代は中国の方が外資を必要とし，海外の管理手法や技術を求めていました．ところが今では，大金を積んでもあまり関心を示さなくなっています．中国で育ったエリートは，今では世界経済の主役となり，13億人から選ばれた世界レベルのエリートは，みずからの能力と積極姿勢で，世界レベルの企業を作り上げています．マレーシアの華人も，職場やビジネスで中国のエリートと競争を繰り広げるようになっています」（2012年10月29日付 *Oriental Daily News*）．

　マレーシアの南方大学学院で中国事情を教える安煥然（アンホアンジャン）によれば，

　　　「マレーシアの華人にとって，中国の台頭は挑戦や競争と理解されるべきでしょう．以前，マレーシアの華人には，中国語も英語も話せ，数学や理科が得意といった国際的な評価がありました．ところが，毎年50万人もの中国人が海外に留学に行く時代となり，その半数がわれわれよりも優れているとすれば，マレーシアの比較優位が失われている計算になります」（2012年9月30日付 *Nanyang Siang*

Pau).

　マレーシアの華人系財界人にとって（あるいはマレー系中心のマレーシアから見ても），中国の「脅威」と「機会」は同じコインの裏表である．中国の繁栄は，マレーシア経済やマレーシアの華人系ビジネスにとっては幸事であり，中国経済の衰退・混乱は悪事であるが，これはあくまでもビジネスの視点から見た議論である．

　政治に目を転じてみると，マレーシアの華人コミュニティにおける長老や，地域の華語教育を憂慮し，中国文化や中国語の伝統を守ろうとしている若者（彼らの多くが中国で学位を取っている）は，（経済や文化，教育に関する）エスニックな事業をめぐるマレーシア政府の政策に，中国が強力な後押しをしてくれるものと期待している．マレーシアにおける華人コミュニティの最高指導者である，華人総連合会（通称「華総」）会長の方天興は自信をもって，次のように述べている．

　　「今やアジア経済を支配し，世界を牽引しているのは中国です．『ASEAN＋3』の自由貿易圏で，ASEAN全体を引っ張り，導いているのも中国です．中国の平和的台頭が脅威となっている国などありません．それどころか，（マレーシアの）華人系資本や（マレーシアにおける）華語教育を引き上げる役目を果たしえますし，何より『中国脅威論』なき状況にあって，母語（教育）は大いなる発展を遂げ，『華語脅威論』など存在しないことが広く知られることになるでしょう」（2012年7月1日付 *Nanyang Siang Pau*）．

支配的な中国擁護論

　人権や民主主義，社会的公正といった普遍的価値をめぐっては，マレーシアの華人コミュニティの指導者たちは，中国を擁護する役割を果たしているようである．人口が多く，文化水準や教育レベルが低い農村人口を抱えているため自由選挙を導入するには時期尚早で，北米型民主主義モデルを導入してしまえば，大きな混乱が生じてしまうことになる──こうした論法は，後で触れる統一マレー国民組織（UMNO）のアドゥナン総書記の主張と酷似しており，1987年に鄧小平が「人口の多さと人びとの文化水準を考えたら，直接選挙は半世紀を超えた21世紀にならないと実施できないだろう．それまでは，郷以上のレベルでは間接選挙を，郷より下のレベルで直接選挙を実施するしかない」（胡他，2009: 19-20）と述べているのと軌を一にしている．マレーシアの華人コミュニティの指導者たちは，マレーシアなどでは重要となるはずの正統性の問題が，こと中国に関してはさほど重要でないと考えているのである．

　「中国的特色をもつ社会主義下での人民民主主義独裁」は，中国では西側のリベラル・デモクラシーよりも優れていると考えられている．その典型的なケースが中共中央統戦部の副主任である陳喜慶が記者会見で，「新しい政党を作らなくてもよいのだから，中国の『多党制』はほぼ完成型に近い」と述べ，「中国モデル」論を披露したことである（2011年7月1日付 *Oriental Daily News*）．

　陳によれば，中国共産党は労働者や農民，知識人を党員として迎えており，8つの既存の民主党派は，技術職や文化人，スポーツ関係者など，中上層から党員をリクルートしている．中国の，いわゆる「多党協力」体制下にあって，これらの民主党派は与党でも野党でもない，中間的な特徴をもつ．しかもこの

体制には，これら9つの政党以外の「無党派」も存在する．こうした体制下にあってこそ，偉大な復興を推し進める（進歩，無私，団結によって特徴づけられる執政集団としての）中国共産党が香港の道徳教育で「中国モデル」を教えることができる──これが陳喜慶の主張である．

　こうした主張は，中国共産党の支持者や擁護者にとっては心地よく響く．人口規模や地理的環境，歴史的経験や現在の置かれた状況から，中国は特殊なのだ．世界はこうした中国の状況を理解すべきである──こうした姿勢は，2009年のボアオ・アジア・フォーラムで香港の銀幕のスター，ジャッキー・チェン（成龍）が「中国人は管理される必要があると思い始めています」と発言したことに通底する 4)．

　ジャッキーからすれば，香港や台湾は「自由すぎ」，それゆえ混乱しているということらしい．ジャッキーにはアニタ・ムイ［梅艶芳：1980年代を代表する香港の女性歌手］のようなエンターテイナーとしての気骨に欠けるとの評もあるが，当然のことながらジャッキーの発言は，映画産業の繁栄にとって欠かすことのできない，最大の観衆を抱える中国の要人に向けて発せられたものである．マレーシアの華人系財界人の発言も，これと同じだ．

　マレーシアの華人系財界人には，依然として移民ゆえの性格が根強く残っている．みずからは政治的に無関心でありながら，既存の政治権力に擦り寄り，華人コミュニティの利益を守ろうとしている．19世紀，東南アジアに中国系移民が入植するようになった時代から，こうしたことが行われてきたため，華商

---

　4)　http://ca.news.yahoo.com/s/capress/090418/entertainment/
　　　china_people_jackie_chan

第5章　マレーシア──親中心理を支える構造　145

と呼ばれる人びとは地方の権力者と結託しやすい．ところが近年，民主主義が進展する中で，「先住民」であり「マジョリティ」でもあるマレー系の怒りを買いやすくなっている．

4　政治エリートと「中国コネクション」

マレーシア華人協会の「変貌」

その意味では，マレーシア華人協会［マレーシアにおける中国系政党］が中国共産党と協定を結び，共産党に「学ぼうと」しているのは理解できる．両者とも，多党制のもとでの与党への協力政党であり，市民の投票権や自由な政治的選択を認めず，反対者には弾圧をも辞さない体制のもとで活動しているからである．結局のところ，マレーシア華人協会は，「偉大な頭家［福建語でいう「ボス」］」の集合体で，商売で成功した人びとが中国系移民とその子孫の面倒をみる，一種の福祉団体なのである．

2013 年 8 月，マレーシア華人協会は廖中萊副会長を団長とした訪問団を派遣し，中共中央の組織部，宣伝部，外事弁公室，中央党史研究室などの，さまざまな指導者に面会．幹部教育やイデオロギー工作の経験を共有するために，党の専門家をマレーシアに派遣してほしいと依頼した（2013 年 8 月 1 日付 *Oriental Daily News*）．

2014 年 7 月 14 日，総会長になった廖中萊は再度訪問団を派遣して，中国共産党との覚書の締結に臨んだ（2014 年 7 月 25 日付 *Oriental Daily News*）[5]．覚書は，（1）中国とマレーシ

---

5)　マレーシア航空機がウクライナ東部で撃墜された事件に対応すべく，マレーシアに急きょ戻らねばならなくなったため，廖の代わりに党の総書記が調印した．

アの友好関係を強固なものとするための交流を促進し，世論形成を目的とした，両国のシンクタンクやメディアなどを対象とした相互援助，(2) 党の内外での統治経験を共有するためのハイレベルでの交流の強化，(3) 双方の党や国家の状況を総合的に理解し，共同発展を促すための党建設や政治イデオロギーをめぐる，さまざまなレベルでの経験の共有，(4) 幹部教育や幹部の資質向上をめぐる協力の強化，といった 4 項目の合意を表明するものであった．

マレーシア華人協会は以前，台湾を訪問して国民党や民進党からも「学ぼうと」したし，統一マレー国民組織（UNMO）も中国共産党に同様の秋波を送っていたとはいえ，冷戦下にあって，中国共産党が，マレーシア華人協会と対立していたマラヤ共産党を支持していたことを考えると，この変化は大きいと言わざるをえない．

一党独裁下の与党間協力

今日，権威主義下の中国共産党はマレーシアの華人系に恩恵を与える「強い中国」をもたらした政党と見なされ，マレーシア華人協会ばかりか与党連合・国民戦線（BN）も，選挙で華人票を獲得するために中国共産党に取り入らねばならなくなっている．中国共産党が権威主義的で，異論を押しつぶしていることなど，問題だと思われていないのである．中国共産党のように選挙の洗礼を受けなくてもよい恩恵には浴していないものの，異論を押さえつけ，野党勢力が強くならないようコントロールできている点で，中国共産党は一種のモデルとなっているのである．

（興味深いことに，1992 年の初頭，中央対外連絡部の副部長を団長とする中国共産党のマレーシア訪問団への返礼として行われ

た）1993 年 9 月の，統一マレー国民組織が中核組織となっている国民戦線による大規模な訪中団による訪問以来，（中国には存在していない）野党を排除した形で，与党間協力関係を作り上げている．一党支配が長く続くマレーシアと中国の与党間協力が強化されている点は興味深い[6]．

　その意味でも，統一マレー国民組織のアドゥナン総書記による 2010 年 8 月 6 日における訪中は，注目に値する．アドゥナン総書記によれば，中国共産党が与党を含め他国の政党と覚書を締結するのが稀な状況にあって，両党が覚書を締結するのはきわめて有意義だとした（2010 年 8 月 6 日付 *Nanyang Siang Pau*）．また，今回の覚書締結を機に経験の共有を進めたいとして，次のように述べている．

　　「われわれ（統一マレー国民組織）が訪中団を送って中国の制度を学び，中国側も訪問団を派遣してわれわれの総会に出席されることを期待します．両党には長い歴史があり，その結党理念も『人民に奉仕する』という，きわめて似たものです……今回の訪中で中国には一党独裁が必要だ，多党制を導入すると中国の安定性が損なわれることになるからだということが，よくわかりました．中国に多党制が実施されることになれば，人びとは政治に現を抜かすようになり，進歩が望めなくなる．中国国内にはいろいろな民族や宗教，文化，地域があり，その調和もとれなくなります．そのため，一党独裁が中国の国情にも合致していると思うのです．統一マレー国民組織と中国共産党のイデオロギー

---

6)　東南アジアにあっては，シンガポールの人民行動党がこうした典型的な事例にあたる．

は異なりますが，だからといってお互いに学べないかというと，そのようなことは決してありません．統一マレー国民組織及び国民戦線は，民主主義体制下での人びとの安寧に注力していますが，これもイギリスの植民地支配によって，こうした状況に置かれたからです．中国の一部も植民地支配を受けましたが，中国共産党も，総じて人びとの安寧に強い関心を抱いており，そこに私たちとの共通点を見出すことができます」（2010年8月6日付 *Nanyang Siang Pau*：傍点は引用者）．

　総選挙の結果，与党連合が大敗北を喫した2008年の「政治的津波」，再度敗北を喫した2013年の総選挙を経て，マレーシアと中国の政治が収斂現象を見せ[7]，一党独裁体制を長く続ける国家同士の親近感が強まっていることを念頭に置いたとしても，選挙民主主義体制をとる国の与党連合のトップが，これほどあからさまに，政治的選択を否定した一党独裁体制を擁護するコメントを述べている点に注意する必要がある．

　もっとも，マレーシアの華人は均質的な集団ではないし，その点では昔から変わっていない．経済的な階級構造も異なれば，出身地による文化的差異も色濃く残っている．ところが，こと台頭中国への認識をめぐっては，その文化的・政治的指向の違

---

7)　反体制派を抑え込むために，どのように苛烈な法を政治目的で利用しているかを比較することで，両国の体制が似てきていることがよくわかる．中国の政治犯問題を扱うサンフランシスコを拠点にする中米対話基金会によれば，「国家政権転覆扇動罪」や「公共秩序を攪乱する罪」といった罪状は，軽微なものでも刑務所に送りこむ正当な理由となりうるという．これに対して，マレーシアでは治安法や，最近ではインターネットセキュリティ法などがこれに当たる．

第5章　マレーシア──親中心理を支える構造　149

いゆえに，世代によって違いが見られる．

　個々のアイデンティティや文化，生活様式，ビジネス機会，政治的指向性など，個々の華人が置かれた状況によって台頭中国への視線が異なっている点を，次節で検討していくことにしたい．

5　世代間ギャップ，文化的愛着，政治的指向

　中国の台頭に対するマレーシア華人の態度を理解するにあたって，時間と世代は重要な要素となっている．その「原初的結びつき」以外に，両国間には複雑な政治的，経済的，戦略的関係が存在してきた．1950 年代や 70 年代の中国共産党に支援されたマラヤ共産党による反乱，政治を支配する多数派のマレー系と（全人口の 4 分の 1 程度を占める）経済を支配する少数派の華人系との緊張関係，中国系やインド系を犠牲にして多数派マレー系を優遇するブミプトラ政策なども，華人の対中認識に影響を与え，それぞれに世代ごとの異なる対中認識を生みだすことになった．

　　シニア世代に見る中国擁護の構造

　　華語教育者 1　お前たちは漢奸（かんかん）だ，走狗（そうく）だ．ここに何しに来た．
　　華語教育者 2　ここに来る金を誰に出してもらったんだ？
　　法輪功の女性代表者　落ち着いて……
　　華語教育者 1・2　落ち着けだと？　ふざけるな！　落ち着けだと？
　　華語教育者 1・2・3　中国はよくなり，経済もしっかり

した．お前たち漢奸はアメリカから金を貰っているんだろう……

　2012 年，法輪功のメンバーが，華語学校理事会総連合会が運営する華人系カレッジ［新紀元学院］の当局者に手紙を渡そうとし，「死ね」など罵詈雑言を浴びた様子がビデオに収められ，YouTube にアップされている [8]．同カレッジが発行する実習報が 2012 年 3 月の法輪功パレードの様子を報道したため，同年 6 月に実習報の発行ライセンスが更新してもらえなくなった．ビデオに収録された華語教育者たちは，抗議しにきた法輪功の女性指導者たちが持ってきたパンフレットを奪い取り，ビリビリに破きながら，「漢奸（中国人でありながら中国人を裏切る者）」とか「アメリカの走狗（手先として働く者）」と叫んでいる（2012 年 8 月 25 日付，8 月 27 日付及び 9 月 1 日付 *Oriental Daily News*）．

　華人の中には，第二次世界大戦まで西側列強や日本によって中国が貶られてきたことをみずからが経験し，中国政府の主張する「百年国恥」のスローガンに強く共鳴する世代もいる．彼らは，リスクを伴う民主化や分権化に比べれば一党体制のもとで中国が安定していることの方が遥かにましで，言論の自由や政治的自由よりは 13 億人の衣食住が満たされることの方が大切だと思っている．彼らにとって，中国が他国に屈することなく急速に超大国になり，経済的，軍事的，文化的に中国が世界的に認められることこそ，中国人としての誇りを感じる大きな要因となっているのであって，それ以外の要因は，さほど重要

---

8)　同会は，その上位団体である華人総連合会同様，2010 年の劉暁波のノーベル賞受賞にあたって，これを批判する声明を発表している（2010 年 10 月 20 日付及び 10 月 30 日付 *Merdeka Review*）．

第 5 章　マレーシア──親中心理を支える構造　151

ではない.

　ところが, 人びと——中国市民や華人——が五星紅旗のもとに団結し, 和諧［調和］の名のもとに政治を壟断し, 政治的異論を弾圧しても党に忠誠を誓い続けるほど, 中国共産党が国の恥辱や栄光をウィリアム・キャラハンのいう「悲観的楽観主義」(Callahan, 2010) に利用し続けることができるかどうかは定かでない (Zhang Weidong, 2012:19). 特に 1990 年代生まれのインターネット世代は, 「百年国恥」といったスローガンに懐疑的になりつつあるようだ.

「中国の脅威」をめぐる世代差

　ここでいう「世代」とは, 「社会的, 歴史的過程で同じ位置を占める」人びとの集団・集合体を意味し, カール・マンハイムによれば, 経験や信念, 見解を共にしているものとされる (Mannheim, 1952: 291). 単に, 何年から何年の間に生まれたといった生物学的概念ではなく, マンハイムのいう「世代」には社会的・歴史的含意がある. 多くの社会的・歴史的過程を共有する人びとに注目することで, 急速に変化する社会の中で, 新たな世代の新たな考え方が生まれている様子を理解することができる.

　上述してきた「年輩」の「シニア」世代は, 1970 年代以降のマレーシア政府による人種差別政策を直接体験し, そこで社会人として「他者化する［自分たちと異なる集団を発見し, 彼らを敵対する存在として認識すること］」経験をもつ人たちである. こうした他者化経験を経ているがゆえに, 彼らには過剰なまでの自己防衛が働きやすい. 彼らにとっての中国の台頭とは, 経済的, 国際的, 軍事的に強大になった中国と自国の政府が平和的な関係を築き, 貿易や投資を通じて, 自分たちばかりでなく

次世代にも多大な恩恵が得られることを意味している.

　もっとも同じ民族集団にあっても，あらたな考え方や態度を示す年齢集団が台頭し，異なる経験をもつ世代間で摩擦が生まれる可能性もある（Mannheim, 1952: 310）.

　マレーシアの華人コミュニティにあって，若い世代は文化的ルーツや親の出郷地としての「中国」にさほど強い感情的結びつきを感じておらず，逆に社会的公正や民主主義，個人の尊厳のベースとしての個人の自由といった普遍的価値を重視しているように思える．またシニア世代を特徴づける民族の排他性信仰を否定し，単一民族政党の連合による政権運営を潔しとしない．事実，2008 年の「政治的津波」や，その次の 2013 年の総選挙で見られたように，単一民族政党の連合体に基づく政権運営は建国以来，初めて支持率を大幅に落とすことになった．若い世代は，他の民族集団との壁をさほど強く意識せず，半世紀に及ぶ民族分断型政権運営にあって無視されてきた社会的公正や民主主義，人権といった民族横断的な普遍的価値を重視しているからである.

　その意味では，政治的に無関心とはいえない若い知識人が，（中国に関しては何でも肯定してしまう）マレーシア華人のシニア世代に見られる二重倫理を批判し，中国における政治的抑圧を自国や他国における政治的抑圧と同じものと捉えているのも驚きではない.

　マレーシア政府が中国型権威主義モデルに親近感を抱き，シニアの華人系リーダーが祖国における政治的抑圧に目をつぶっているのとは対照的に，若い知識人や運動家による中国の権威主義に対する姿勢は——天安門事件の記念日に中国大使館に公開書簡を渡したり，香港の「雨傘革命」を支持したり，李旺陽［中国湖南省の民主活動家］の死や反体制者の逮捕に抗議するな

第 5 章　マレーシア——親中心理を支える構造　153

ど——，マレーシア内における脆弱な民主主義や政治的抑圧に対する彼らの態度と，深く結びついている．彼らにとっての真の「中国の脅威」は，国際関係論でいう軍事的，経済的脅威ではなく，「中国モデル」の成功に裏打ちされた「ソフトパワー」戦略や，マレーシアを含む発展途上国の（新）権威主義的政治体制に対するイデオロギー的支援を通じて，途上国の人びとを誘惑するといった潜在意識に関わる脅威なのである．

　その意味では，Facebook の「天安門大虐殺を忘れない（Remembering Tiananmen Massacre）」と題するコミュニティサイトで[9]，マレーシアにおける政治的弾圧や不条理と中国共産党による反体制派弾圧が同様に批判され，趙明福[10]（トーベンフック）の死と李旺陽の死が一緒に弔われているのも不思議ではない．

国内政治と結びつく対中評価

　国内政治の立場によって対中評価が異なるのは，ペナン研究所（野党色が強いペナン州政府のシンクタンク）の研究員である黄進発（ウォンチンハット）——彼は華人系政治学者で，よく発言をする活動家，コラムニストでもある——の，次のようなコメントに典型的に表れている．

　　「マレーシアのイスラム教徒が，イスラム教のために闘

---

9)　https://www.facebook.com/rememberingtiananmenmassacre?ref=profile

10)　趙明福はジャーナリストで，野党色が強いセランゴール州立法議会兼州評議会のメンバーの側近だったが，2009 年 7 月 16 日の早朝，マレーシア反腐敗委員会のオフィスに隣接した建物の屋上で，遺体で発見された．趙はその前日，首相官邸の下部組織である同委員会から取り調べを受けていた．

154　　Ⅱ　華人世界の中の多様性

うイスラム国（IS）などのグループを支持しているように，マレーシアの華人系は文化的近さと「連帯意識」から中国を支持しようとする．香港の民主化運動がマレーシアの華人系で激しい論争を引き起こすようになったのは，よい兆候だ．そこに世代差があるといった議論もあるが，大きな違いは，普遍的価値によって世界が統治されるべきだとする民主主義者と，基本的に国家や文明の間で弱肉強食の関係があると信じている現実主義者の間で見られる．

現実主義者は，以下のような論理を好む．

1) 民主主義や自由主義は，中国を分断するための西側の手段だ

2) 西側は中国を妬んで／憎んでいる

3) 西側は言ったことをみずからは実行しない

4) 華人は自己防衛のために強い中国を必要としている

5) 華人は中国を支持し，民主主義や自由主義を拒否しなければならない

……こうした問題をめぐり，華人系コミュニティが分裂するのはよいことだ．マレーシアでは自由で公平な選挙を望んでおきながら，中国人が政府を運営している他国の権威主義を支持するといった偽善的な人種主義者ばかりなんて，悲しすぎるだろう．みずからの真価を問い，自省するのはきついことだ．しかし，われわれがよき国家と世界を作る，よき市民たろうとするのなら，この課題は避けて通れない」[11]

---

11) https://m.facebook.com/story.php?story_fbid=1015273488 0025539&id=681695538

ここにはっきり，中国に対する態度とマレーシアに対する姿勢とが一致する様子がうかがえる．一世代上の華人系リーダーで両者が乖離していたのと若い世代とでは大きく異なっている．中国の人権問題が関係するようになると，こうした世代間ギャップが，マレーシアにおける民主主義推進派と中国との与党間連携を支持する守旧派との対立を惹起することになる．[1989年の]天安門事件の際の，学生運動のリーダーの一人である王丹がマレーシアの華字紙・中国報の招待で講演をしにやって来た際，彼の話を聞きに来た聴衆は民主行動党か人民正義党の党員であった[12]．これに対して与党連合のメンバーである政党——華人系のマレーシア華人協会や華人に基盤を置くマレーシア人民運動党など——は，王丹の話に興味がないか，明らかに敬遠していた（2014年9月20日付及び9月24日付 *China Press*）．

6 おわりに

厦門大学アジア太平洋研究所の副所長である張必蕉がその刊行済み学位取得論文で要約しているように，中国脅威論はしばしば「中国が国際的なシステムへの脅威となっているかどうか，中国に対しては封じ込めがよいのか，関与がよいのかといった2つの，しばしば関連する話題に焦点が当てられやすい」（Zhang Biwu, 2012: 2）．本章は，国際関係論的視点から中国を論じるというより，マレーシアといった特定国に焦点を当て，

---

12) これらの党は，野党連合を結成した3つの政党のうちの2つで，残りは汎イスラム党というマレー系政党である．民主行動党は多民族を原則としつつも，基本的に華人系で，人民正義党の主要なメンバーは華人系活動家である．

これがどのように中国の台頭に対応しているかを分析した.

　本章はまた，中国台頭の意味を異なって理解する人びととによって成り立つ，複雑な社会としてマレーシアを捉えている．とはいえ，その理解の仕方は民族や世代，政治的イデオロギーによってきれいに分断されてはいない．マレーシア社会のたえざる変化にあって，人びとを分断する論理や境界も絶えず変化しているからだ.

　台頭中国をどう認識し，これにどうマレーシアが対応しているか．この問いに答えるには，国内政治や世代間ギャップ，政府による世論の誘導など，いくつかの要因を理解しなければならない．本章では，エスニック集団による経済的利益が，その指導者たちの祖国における外交や国内政治に対する公的姿勢に影響を与え，若者に見られる理想主義や社会的公正重視の姿勢が，台頭中国に対して異なる評価を生みだしている様子を見てきた．マレーシアと中国を長く支配する政権党が，イデオロギーや民族の違いを超えて体制維持を最重要課題としているといった共通点を見出しつつあること，中国市場にみずからの経済的利益を依存するようになり，華人としての文化や教育を守ろうとすることが，中国の栄光を無批判に受け入れる体質を作っていること，若き反体制活動家が「中国モデル」への称賛に異議を唱えているがゆえに，体制派から煙たがられていることなども確認した.

　このように，マレーシア社会がそうであるように，台頭する中国へのマレーシアのまなざしも複雑である．政府の公式見解や主要メディアにおける公論を追いかけるだけで，マレーシア社会の複雑さを考慮に入れなければ，問題のもつ深みを理解し損なうことになるだろう.

第6章
インドネシア
多様性が生み出す対中政策

エヴィ・フィトリアニ

1　はじめに

　中国の台頭に関するインドネシアの認識は，警戒から歓迎までさまざまである．中国の経済的，軍事的な台頭が，それ以上に自己主張と自信にあふれた外交政策により，東南アジア最大の国家であるインドネシアにとって，好機にも脅威にもなっている．台頭するアジアの大国に対する東南アジア最大の国の認識を吟味することから，同国の対中政策の背後にある熟慮や希望，不安を見て取ることができる．

多様な側面をもつ「中国の台頭」

　インドネシアの人びとが中国の台頭をどのように認識しているかを見る上で，以下の5つの点を検討する必要がある．

　第一に，認識する主体．中国に関する認識は，インドネシアの外交政策や対中関係に関わる者を対象とすることで理解できる．とはいえ関係者によって，認識は異なっているかもしれない．その違いは，中国をめぐる関係者の立場や利益によって説明できる場合もある．ここでいう関係者には，政府関係者や軍人，政治エリート，財界，インドネシアの私的な中国研究グループ，シンクタンク，ジャーナリスト，及び研究者（国際関係論を専門分野とする学生を含む）などが含まれる．

　第二に，「中国の台頭」という表現に，中国に対する異なる認識を生む複数の要素が含まれている点．

　まずは，並外れた経済力．これには巨大市場，潜在的なビジネスチャンス，豊富な財源，エネルギーや原材料，鉱物への需

要などが含まれる．次に，システムの変化や秩序再編につながりかねない，軍事力の増大．第三に，他国，とりわけ東アジアや東南アジアの近隣諸国に対する操作能力の高まり．こうした現象は，域内外での中国のプレゼンスの増大や政治的影響力の強まりとして現れる可能性がある．第四に，地域や世界の機関で果たす中国の国際的な役割の上昇．そして最後に，近年の南シナ海で示されてきた，中国の自己主張の強さや大胆不敵な外交，執拗な振る舞い．

したがって，中国の台頭に対するインドネシアの認識といった場合，上記5つのいずれかに関わる可能性がある．関係者によって認識が違うばかりか，中国の台頭による影響は政治や安全保障，経済でも異なるため，同じ人間でも台頭するアジアの大国に対して矛盾した認識を持っているかもしれない．

最後に時間が問題となる．

国際関係で静止しているものなど，ほとんどない．時間の経過とともに，世界や地域の環境に変化が起きるからである．これによって世界や地域の力学が生み出され，国家や国際的な機関に変化を促す圧力が生まれる．中国も例外ではない．国際関係における中国の振る舞いは，国内要因と外的圧力，もしくはそのどちらかによって変わる可能性がある．中国の行動が変われば，インドネシアを含む他国も対中認識を変えるかもしれない．

ともあれ，中国の台頭に対するインドネシアの認識は揺れ動いており，時間とともに変わる可能性がある．中国の振る舞いが変われば，ピュー・リサーチ・センターの調査や，序章で紹介されたアジア学生調査に現れた中国に対する肯定的な評価も，2，3年のうちに否定的なものへと変わるかもしれない．

インドネシアにおける中国台頭論の多様性

中国の台頭に関するインドネシアの認識に関しては，インドネシア内外の研究者が調査研究を行ってきた．一般に，インドネシアの研究者の多くは，中国の台頭がもたらす影響に懸念を表す一方で，圧倒的なアジアの大国に対しては穏健な認識を持っている．ある程度の時間的長さで見ると，中国の台頭には肯定的な影響と否定的な影響の両方があるからだ（Anwar, 1990; Sukma, 2009; Purba, 2012）．

しかし，特定の問題や出来事をめぐる対中認識が議論される場合，論調が変わることがある．インドネシアと中国の国交正常化に関しては，研究の多くは肯定的な論調である（Anwar, 1990; Suryadinata, 1990）．これに対し，二国間ないしASEAN・中国自由貿易協定をめぐる中国との経済関係に関して，研究者はインドネシア側に中国への否定的な感情があることを明らかにしている（Chandra and Lontoh, 2011; Hadi, 2012; Tjhin, 2012）．とはいえ，2004年から2014年までのスシロ・バンバン・ユドヨノ大統領（Lalisang, 2016），及びジョコ・ウィドド大統領と習近平国家主席（Soebagjo and Pattiradjawane, 2015; Almuttaqi and Arif, 2016）のもとでの二国間関係に関する研究が，楽観的で実利的な見方をしていることは注目に値する．

中国の台頭に対するインドネシアの認識に関しては，インドネシアの研究者による研究に加え，海外の研究もある．これらの研究は，海外の研究者が中国の台頭に関するインドネシアの認識をどのように捉え，解釈しているかを示している．

海外の研究者による評価は，中国の振る舞いに関するインドネシアの見解を理解するには，洞察力や現地の感覚に欠けているかもしれないが，幅広い見方や深い分析を提供しており，有

益である．ほとんどすべての研究は，インドネシアが米中間に挟まれてむずかしい立場にいることを指摘しているが（Storey, 2009; Novotny, 2010; Goh, 2012; Hamilton-Hart and McRae, 2015），ストレーとノヴォトニーが，インドネシアの対中認識に関してハミルトン-ハートとマックレーより悲観的な印象を持っているなど，論者によって意見の違いが見られる．とはいえ海外研究者のすべてが，インドネシアの対中認識を米中間の覇権争いといった視点から分析している．

　これらの研究例はインドネシアの対中認識に関して豊富な文献があることを示唆するものの，そこには依然としてギャップが存在する．たとえば，インドネシア領のナトゥナ諸島周辺で起きた中国との不愉快な経験や，中国との一筋縄でいかない経済関係をめぐる最近の動向は，研究対象とはなっていない．

　本章では，中国の台頭に関するインドネシアの認識を取り上げ，インドネシアの人びとが経済や軍事，国際社会における中国の役割の拡大を考える時に抱くさまざまな，時に相反する気持ちや意見を検討する．インドネシアは中国の台頭を好機としても脅威としても認識しているが，両国の指導者同士は緊密であっても，実際には中国との不愉快な経験ゆえ，人びとは不安を感じ始めている．インドネシアの外交政策や中国との二国間関係に関わる人びとの認識を，既存の資料や簡単な調査から明らかにし，1990 年の国交正常化以降に焦点を当てて議論する．

　本章は 3 つの節から構成される．

　まず初めに，1990 年の国交正常化以降の二国間関係の歴史を概観し，後段の議論に向けた状況説明を行う．次に，中国の台頭に関するインドネシアの関係者に見られるさまざまな認識について議論する．最後に，こうした認識がインドネシアの外

第 6 章　インドネシア——多様性が生み出す対中政策　163

交政策や中国との関係において果たす役割を分析し，結論につなげる．

2　国交回復後の対中関係

国交正常化前史

　1990 年の国交正常化によって，近代以降の中国との二国間関係が新たな局面を迎えることになった．互いに相手を敵として見ていた 23 年間の激烈な時代を経て（Anwar, 1990; Suryadinata,1990; Tjhin, 2012），1990 年 8 月，中国との国交が正常化されたのである．

　新大統領にみずから就任したスハルトは，1965 年に失敗したインドネシア共産党によるクーデターの背後に共産主義国家がいるとして，1967 年に中国との関係を凍結した．とはいえ，1980 年代末までには，より積極的に国際的役割を果たそうとしていたスハルトは，非同盟運動の議長になるには中国の支援が必要だと思うようになったようである（Suryadinata, 1990）．加えて，国内では共産主義者の反政府活動に厳しい対応をしていたスハルトも，中国が「（誰もが認識しているが）触れてはいけないもっとも重要な存在」であるといった否定しがたい事実を，受け入れざるをえなかった．

　1970 年代末以降の鄧小平の近代化・開放政策によって，中国は世界最大の工業大国となった．1980 年代には 2 桁の経済成長率を達成し，東アジアや東南アジアにとって経済活性化の不可欠なパートナーとなった．マレーシアやタイ，フィリピンといった域内諸国は 1974 年から 1975 年にかけて，中国との国交正常化に素早く動いたため，第三国であるシンガポールの助けを借りて 1986 年 7 月にインドネシア - 中国直接貿易

協定に調印したとはいえ，その流れに従わざるをえなくなった（Suryadinata, 1990）．

中国との国交正常化の機運は，1990 年に熟した．1989 年の天安門事件として知られる民主化・人権運動に対する弾圧によって中国が西側から孤立し，制裁を受けていたからである．国際的な批判が集中し，西側からの制裁を受けていたこともあって，中国政府は，クーデター失敗後中国に逃避していたインドネシア共産党とその指導者への支援中止を訴える，スハルトの要求に応じる方向に傾いていたようである．

華人グループの影響力

また，中国との国交正常化を見る際，スハルト周辺のインドネシアでもっとも富裕な少数の華人グループの役割を過小評価することはできない．スハルト大統領は，こうしたインドネシアの特権的な華人との間で密かな共生関係にあったことが一般に知られている．彼らの事業ネットワークは東南アジアにとどまらず，曾祖父母の出身地である華南地域にまで広がっている．

2016 年に行ったシンガポールの中国研究家との私的な談話やジーンの記事から（Tjhin, 2012），正常化交渉の進展や，その後の橋渡しにあたって，華人の果たす役割が不可欠だったことが明らかになっている．事実，国交正常化によってもっとも大きな恩恵を受けたのは華人であり，インドネシアと中国が両国間の技術的な障害を乗り越え，国交正常化するための環境が整ったのが 1990 年だった．

政治的な障害が消えたこともあり，中国との関係は二国間や地域フォーラムの場で，ゆっくりだが着実に進展した．長い時間を要したのは，両国に固有の微妙な問題，つまりインドネシアの華人に対する中国政府の政策に原因がある．

第 6 章　インドネシア——多様性が生み出す対中政策　165

インドネシアの華人は両国の橋渡しとなっているため，信頼構築の過程で果たす役割はきわめて重要であった（Tjhin, 2012）．しかし，インドネシアや他の ASEAN 諸国が中国を招き入れるようになったのは，1996 年設立のアジア欧州会合におけるアジア域内グループや（Fitriani, 2014），1997 年設立の ASEAN＋3 フォーラム（Kivimäki, 2011）といった国際舞台であった．

こうした場で中国が従うべき協調の規範である「ASEAN 方式」は，期せずして中国の集団主義に似ている．インドネシアを含む ASEAN 諸国は，このアジアの大国が 2003 年に東南アジア友好協力条約の加盟国となった後，2004 年の ASEAN・中国自由貿易協定によって中国との経済関係を正式に決定した．このように，地域フォーラムにおいて中国との意思疎通が図られ，両国間の関係改善を促す雰囲気が醸成されていった．

対中関係が好転するようになった理由

好機は，スハルト政権崩壊後，インドネシアが大きな改革に着手した 1998 年に訪れた．中国との関係が改善したのは，インドネシア側の政治的要因と，中国側の周辺地域での外交方針の 2 つが関係している．1998 年以降の国内政治の変化と，2000 年代以降の中国による東南アジアでの「善隣外交政策」によって，インドネシアに中国と向き合う自信が生まれ，その後の関係改善につながったのである（Sukma, 2009）．中国政府も，2004 年と 2005 年の自然災害で壊滅的な被害を受けた際，インドネシアに大規模な支援を行った（Sukma, 2009）．

これら 2 つの要因に加え，アジア通貨危機後にインドネシアの財政破綻を「支援する」際に見せた，西側の行動を見逃す

わけにはいかない．スハルトの支援要請を受けた IMF と世界銀行の対応は屈辱的なものであったが，それゆえインドネシアは地域のパートナーに助けを求めるようになった（Fitriani, 2014）．その経済力を背景に，地域金融のメカニズムであるチェンマイ・イニシアティブの構築を支援できる中国に，近づくようになったのである．このように，（1）インドネシアの国内要因，（2）中国の地域政策，（3）西側諸国によるアジア通貨危機の際に見せた対応の誤りの 3 つが，国交正常化後に対中関係が改善した理由である．

　地域フォーラムで接触する機会が増えるにつれ，両国間の公式訪問が多く見られるようになる．アブドゥルラフマン・ワヒッド大統領は，インドネシア，中国，インドの 3 ヶ国同盟を提案するなど，スハルト後初めて中国と緊密な関係を築いた（Storey, 2009; Novotny, 2010; Tjhin, 2012）．こうした対中積極姿勢は，その後も引き継がれている．

　中国との関係で画期的な出来事の 1 つが，2005 年 4 月 25 日のスシロ・バンバン・ユドヨノ大統領と胡錦濤国家主席によるジャカルタでの戦略的パートナーシップ協定の締結である．協定調印後，対中関係が活性化するものの，インドネシアの人びとは，これに満足しなかった．対中貿易赤字が拡大していたからである．

　インドネシア政府は，実務的ではあるが戦略的でないとか（Tjhin, 2012），貿易赤字の原因に目を向けない（Hadi, 2012）と批判された．にもかかわらず，両国政府は経済交流を強化することに合意し，2010 年に「包括的自由貿易協定及びそのアクションプラン」を成立させた．アクションプラン 2010-2015 では，政治・法律・安全保障や経済・貿易，社会文化，観光，科学技術での協力，域内外でのフォーラムにおける協調

第 6 章　インドネシア——多様性が生み出す対中政策　167

など，戦略的関係の進展が謳われた．

　さらに，ユドヨノ大統領と中国で新たな指導者となった習近平国家主席は，2013年10月2日に「インドネシア中国包括的・戦略的パートナーシップ」を宣言した．従前の協定と異なり，この新たな取り決めには，クリエイティブ産業や航空宇宙での協力が含まれていたが，これは取りも直さず，二国間関係が経済や安全保障の分野を越えて広がったことを示している．

主要テーマとしての経済と安全保障

　とはいえ，二国間協力がもっとも進んだ分野が，経済と安全保障であることに変わりはない．その証拠に，両国の指導者同士の会談では，経済と防衛が主要な焦点であり続けた．経済と安全保障が何より重視されているのは，両国の関心ばかりか，当該地域のダイナミズムを反映しているからである．

　中国との経済協力の結果は玉石混交である．

　アクションプランの最終年である2015年の貿易額は445億米ドル．2004年時点の貿易額がわずか870万米ドルだったことを考えると，驚くべき数字である．

　経済関係をめぐる主な問題には，貿易赤字の拡大，国内市場における中国製品への否定的な感情，低水準にとどまる中国からの投資，などがある．インドネシアの対中貿易赤字は2008年から続いており，このことがインドネシアの人びとや市民団体，政治家の批判と不安を招き，中国との経済交流によって脆弱化した国内市場が中国製品に「開放」されたのだといった認識が生まれることになった（Chandra and Lontoh, 2011; Hadi, 2012）．

　この10年間で，中国はインドネシアの最大の貿易相手国になったものの，最近まで最大の投資国とはなっていなかった．

この点でインドネシア，とりわけインフラ開発の資金獲得のために中国から投資を呼び込みたいジョコ・ウィドド政権の悩みは深かった．2016 年 10 月 3 日，ジャカルタで開かれた外交レセプションの席上，中国大使がスピーチし，中国は「対インドネシア投資の上位 3 ヶ国内に浮上した」と断言した．この情報が本当ならば，中国からの投資が，この一年で劇的に改善したに違いない．

　中国との安全保障協力も進んだが，経済ほど活発ではなかった．

　2005 年の戦略的パートナーシップ協定締結後，わずか数ヶ月で，短・中距離ミサイルの開発協力につながる防衛技術協力に関する覚書に調印した．時を同じくして，インドネシアによる対艦ミサイル購入が合意され，両国の高官は中国からの特需の可能性について話し合った（Storey, 2009）．

　2006 年には，年次防衛安全保障協議が開催されるようになったが，これは，地域や世界の発展，防衛技術協力，軍事教育交流，提案された合同軍事演習などについて両国が協議する場となっている．

　2007 年には，2 隻の中国海軍駆逐艦がインドネシアを訪問し，両国の国防大臣が防衛協力協定に調印した．この協定は，防衛技術協力や士官候補生の交流，インドネシアへの追加武器輸出を促すものであった．同年，インドネシア海上保安調整組織に対する中国の支援や海軍訓練を契機に，海上協力も始まった．

　2008 年には，軍用輸送車両や輸送機の共同生産を通じた防衛産業の協力促進や，合同軍事演習を準備するための協力委員会の設置に合意した．両国はこうした関係を制度化することに合意し，アクションプラン 2010-2015 を含む正式協定に安

全保障協力を盛り込んだ.

南シナ海をめぐる波風

とはいえ, 2009 年に南シナ海の紛争処理をめぐって亀裂を深めるようになってからというもの, 両国の関係は不安定なものとなった.

インドネシアはそれまで南シナ海に領有権争いは存在しないとしていた. ところが最近になって, 中国もナトゥナ諸島周辺の排他的経済水域を昔からの漁業水域であると主張するようになった. しかも, 中国政府は当該海域で自国の漁民に漁をさせ, 海警局に護衛をさせた. インドネシアは海域内で操業していた中国の漁船団を再三拿捕したが, 中には大臣や国の指導者の対応が必要となる深刻な事件も起きた. インドネシアの国民や海軍, 海洋・漁業担当の大臣はこうした事件に敏感になり, 海事紛争をめぐる中国側の傲慢さと攻撃性を非難した.

海洋事件が起きるたび, 南シナ海には波風が立つ.

南シナ海では中国と ASEAN 加盟の 4 ヶ国(ヴェトナム, フィリピン, マレーシア, ブルネイ)を含む 6 ヶ国が, 諸島や小島, 礁, 領海に対する権利を過剰なまでに主張していた. インドネシアは 1990 年代初頭から控えめなまとめ役になろうとし, 争いは ASEAN 主導の地域枠組みで対処し, 解決するよう主張していた. ところが 2009 年以降, 中国が係争海域で小島を開発して人工島を建設するといった強引な振る舞いをするに至り, 当事国や国際社会は抗議の声を上げた. 事実, フィリピンは常設仲裁裁判所に提訴し, 中国の怒りを買った.

フィリピンの主張を認めた 2016 年 8 月の裁定は中国の憤りを買い, 裁定のみならず, 常設仲裁裁判所の適法性をも否定した. 常設仲裁裁判所の裁定で冒頭陳述しないようにとの中国

側の要求に屈したものの，インドネシアは他の国と同様，国際
法を順守し，南シナ海での対立をエスカレートさせないよう，
中国側に自制を求めた．

3 中国台頭をめぐるさまざまな認識

1990年8月の国交正常化以降，インドネシアと中国は有意
義な協力関係を作り上げてきた．両国は経済や政治・安全保障
の面で，二国間や地域間の枠組みを利用して積極的に関係を改
善してきた．こうした中で，インドネシアの外交政策や対中関
係に関わる人びとの中で，さまざまな反応が生まれている．こ
こでいう関係者には，軍関係者や外交関係者，知識人（研究者
や私的な中国研究グループ，シンクタンク，ジャーナリスト，経済
グループ，国際関係論を専門とする学生など）などが含まれる．

軍関係者の動き

中国の台頭をめぐる軍人の認識が変わるには時間がかかった．
正常化以前，インドネシアの軍人は，中国を物理的にもイデ
オロギー的にも自国にとっての脅威であると考えていた．彼ら
が懸念していたのは，1965年の軍事クーデターに失敗した後
で中国に逃避したインドネシア共産党，及びその指導者が受け
ている中国からの支援であり，中国がみずからの目的のために
インドネシアの華人を利用しているのではないかと疑っていた
(Suryadinata, 1990)．

1970年代初頭，外交官や財界人の中には，アメリカや周辺
国に続き中国との外交関係を正常化するよう政府に提案する者
がいたが，軍人はスハルト大統領を含め，中国と直接関わるこ
とは国の安全保障にとって危険であると主張して反対した

第6章 インドネシア──多様性が生み出す対中政策 171

(Suryadinata, 1990). こうした認識は, 一部のジャーナリストやイスラム教団体, 台湾ロビーにも見られる (Suryadinata, 1990). 1990年の国交正常化後も, 軍部が支配するスハルト政権にあって, 中国に対しては否定的な認識が優勢で, 信頼感は存在していなかった.

1990年代初頭から2000年代半ばにかけて, 国内で政権交代が起こり, 西側諸国からの武器輸出が禁止される中で, インドネシア軍は中国を代替勢力と考えざるをえなかったようである. 禁輸措置によって戦闘機などの軍用品が不足したり, スペア部品が足りなくなったりといった, 国防上の重大なリスクが生まれていたからである. 軍は以前, 軍用品の調達先や戦闘訓練のための資源豊富なパートナーとして, あるいは防衛産業発展をさせるための信頼のおける協力者として, 中国に期待していたことがある. 事実ストレーは, 中国との安全保障関係を構築する上でもっとも重要な目標は, 防衛産業での協力を進めることだとしている (Storey, 2009).

2005年のインドネシア中国戦略的パートナーシップ協定で防衛協力が含まれたことや, その数ヶ月後に防衛協力に関する覚書が締結されたことは, 軍の中に中国に対する肯定的な認識が生まれていることを示している. あたかも敵から友人に変わったかのような方向転換である.

さらに, アクションプラン2010-2015では, 安全保障に関する協力が進み, 防衛産業だけでなく, 科学や防衛技術の発展に関する協力も含まれるようになった. これは, テロ対策とともに, 違法ロギング, 麻薬取引・人身売買, マネーロンダリング, 違法漁業, 移民労働, 国境を越えた犯罪など, 非伝統的安全保障に関わる問題を解決するためのものであった. 実際, 2013年の包括的パートナーシップ協定には航空宇宙協力も含

まれた.

このように中国との安全保障協力に合意していったのは、インドネシアの軍人が米中の危険性に大差ないと認識し始めた、新たな時代の到来を示している. またこうした変化は、両国の軍高官の間で頻繁な交流が行われた結果でもある.

事実、この20年の間に、交流可能な場が出来上がった. 中国は、頻繁にASEAN地域フォーラムに足を運んでいた主要国の1つである. 中国軍の上級幹部は拡大ASEAN国防相会議に招かれていたし、インドネシアの国防大臣や軍高官も、2011年の開始以来毎年、中国版シャングリラ・ダイアローグともいえる象山フォーラムに招かれている.

とはいえ、こうした変化を誇張すべきでないだろう. 対中認識をめぐっては、軍内部に2つのグループが存在しているからである[1]. 主に陸軍から構成される第一グループは、中国に懸念を抱き、慎重な見方をしている. 海軍や空軍から構成される第二グループは、中国に対してより肯定的である. この10年ほど中国との安全保障交流を支えてきたのは、おそらく後者なのだろうが、このように、軍の一部では反中感情が支配しており、以下のような事情から、その感情は悪化している.

軍内部で広がる対中認識の悪化

第一に、中国が安全保障の代替パートナーとなりうるとする予想が外れ、特に防衛産業の育成をめぐっては期待外れに終わっている. 防衛協力をめぐる協定や覚書を念入りに作成し、両国の国防大臣が頻繁に往来し、2007年には蘭立俊在インドネシア中国大使が「中国には政治的条件なしにインドネシアの安

---

1) インドネシアの著名な防衛研究者との私的な会話による.

全保障上必要な支援を行う準備がある」（2007 年 4 月 19 日付
Jakarta Post）と発言したものの，中国政府はインドネシアの
安全保障上の信頼できるパートナーになりきれていない．

すでに 2009 年の時点で，ストレーは，安全保障協力のフ
ォローアップがなされず，防衛調達や軍事訓練の分野では期待
されたほど協力が進んでいないとし，中国側がインドネシアへ
の防衛産業支援を渋っていると指摘している（Storey, 2009）．
ところが安全保障協力の拡大を含むアクションプラン 2010–
2015 のせいで，インドネシアの軍部が痛々しい勘違いをして
いる可能性がある．これまでのところ，アクションプランの評
価に関する報道はないものの，約束を履行しなければ，中国に
対する信用は危うくなる．

対中認識が悪化している第二の理由は，インドネシアにとっ
ては容認しがたい，南シナ海における中国の態度である（Su-
priyanto, 2016）．

インドネシアは 1990 年代から南シナ海における領有権問
題の当事国ではないと主張してきた．二国間では，中国政府に
対して地域間協力に参加し，ナトゥナ諸島北部の排他的経済水
域に中国の九段線が重複していることへのインドネシア側の懸
念に配慮するようアプローチしてきた．ところが 2013 年以
降，インドネシアの群島海域に中国の漁船団が侵入していると
の報道がなされるようになった．中国の民兵組織の船が違法操
業する漁船団を「護衛して」，違法船団を逮捕しようとする海
事組織を悩ませているといった報道もある（Gindarsih and
Priamarizki, 2015）．そのため，海軍を含む軍関係者ばかりか，
政府関係者や一般市民の間でも反中感情が強まっている．

インドネシアの政府当局者も，中国が安全保障協力面でのフ
ォローアップを怠っているだけでなく，経済協力でも公約を果

たしていないことに気付きつつある.

某省の関係者から聞いたところでは,中国側が公約した共同プロジェクトの融資を間接的に断り,密室の会議でインドネシア側に圧力をかけてきたことがあるという.別の情報提供者によれば,OECD諸国は通常,公約の6割程度は守るのに,中国は2割から3割しか守らないという.中国人と交渉する際の困難を考えて,「インドネシアはアジアの大国である中国とよい関係を維持しなければならないが,唯一のパートナーにしてはならない.パートナーの多角化が,インドネシアの外交政策にとって何より重要だ」と不満を表した上級外交官もいる.

ビジネス関係者と知識人

インドネシアの外交政策にはビジネス関係者も関わっている.

正常化以前,このグループの対中認識は常に肯定的で,正常化支持グループを形成していた.彼らは中国の経済成長は力強さを増し,より大きな市場となっていくことから,正常化は恩恵をもたらすだろう,そしてアジアで最大の国との国交が正常化すれば,みずからの国際的・地域的評価が高まり,カンボジアでの紛争解決にも役立つだろうと考えていた(Anwar, 1990).

ビジネス関係者は,中国,とりわけその巨大市場と豊富な外貨準備,優れた経済力はインドネシアにとって無視できないチャンスであるとして認識している.その大多数は華人で,彼らは両国の経済交流で重要な役割を果たしている.

これ以外にも,私的な中国研究グループや学生を含めた研究者,インドネシアの対中政策に関わっているシンクタンクなどが関わっているが,彼らの中国の台頭に対する認識は一枚岩ではない.実際,中国の台頭を批判的に見ている者,肯定的に見

ている者，その両方から見ている者の，大きく３つのグループに分かれている．

　ASEAN・中国自由貿易協定の効果が明らかになった時点で，ハディは，南シナ海における中国の別人のような振る舞いは，インドネシアやASEANの対中貿易依存に悪影響をもたらすとした．ハディはこうした状況によって「インドネシアにとっての顕著な課題」が生まれたとする一方で，中国を馴致するため，対話によって協調する仕組みとしてASEANが利用できるのではないかと期待した（Hadi, 2012: 151）．同様にウィビソノは，中国がインドネシアの経済と安全保障の双方にとって脅威であると主張する．彼自身の言葉を借りれば，「中国はインドネシアの経済的利益と主権にとって，もっとも大きな潜在的脅威となっている」（Wibisono, 2010: 192）という．さらに，著名な国際関係の研究者であるジュウォノ・スダルソノ[2]とスクマ[3]は，中国は自国の経済発展にインドネシアと東南アジアのエネルギーや天然資源を確保しようとしているが，われわれにとってみれば，それこそが脅威であると断じている．

　ラリサンの研究は，第二の肯定的なグループを代表している．

　インドネシア新聞大手３社の記事を「系統的に調査」したラリサンは，インドネシアの対中認識がユドヨノ大統領の時代には肯定的だったようだと主張している（Lalisang, 2016）．経済開発の観点から，中国の経験は刺激的に受け止められ，安全保障の観点からは，中国軍の近代化がグローバル・プレイヤーの一員となるためのものと理解されていた．また，この時期のNGOの職員は，総じて中国を「脅威というよりは好機の提

　2）　2006年から今日に至る個人的会話による．

　3）　Wibisono（2010）からの引用による．

供者」と認識していたという（Lalisang, 2016: 164）．プルバの論文やジーンの記事も中国の台頭を肯定的に評価しており（Purba, 2012 ; Tjhin, 2012），自国の経済を押し上げる好機として中国を理解，把握するべきだとしている．

中国研究の私的グループや研究者，シンクタンクからなる第三グループは台頭中国に相反する感情を持っている．

スクマは，両国関係の将来については予測しにくいと述べる（Sukma, 2009）．スクマは中国の東南アジアへのアプローチを肯定的に捉えているものの，中国政府とインドネシア内の少数派である華人との関係や，東南アジアにおける中国の意図や政策に関しては不安を抱いているようである．

ソエバグジョーとパッチラジャワネは，インドネシアの対中認識を表現してはいないものの，ジョコ・ウィドド大統領の「グローバルな海洋軸」構想と習近平国家主席の「21世紀海上シルクロード」構想の協力は大変だが可能性があるとしつつ，南シナ海における中国の強引な振る舞いは，インドネシアとASEANの双方にとって難題となるだろうと論じている（Soebagjo and Pattiradjawane, 2015）．彼らの研究は，インドネシアやASEANの人びとが地域の脆弱性や大統領の海洋への野心を心配していること，また中国との付き合いにもやり方があることを示している．

アルムタッキとアリフの最近の研究は，過去20年にわたってよい経験とわるい経験の双方があったために，インドネシアの中国に対するアプローチが実践的で現実的なものになってきたとしている（Almuttaqi and Arif, 2016）．その結果，地域大国と接する際のどっちつかずの姿勢は，インドネシアが中国の台頭を脅威としても好機としても認識しているという一般的な理解を強化している．

第6章　インドネシア──多様性が生み出す対中政策　177

4 多様な中国認識がもたらす帰結

過去 30 年の中国の台頭は，世界の経済政治地図を変えた．

中国の台頭は東南アジアに甚大なインパクトをもたらした．中国は東南アジアのほとんどすべての国で最大の貿易相手国となり，東アジアの経済発展を牽引している（Cai, 2003; Kang, 2007; Zhang, 2011; Jacques, 2012; Gill, Goh and Huang, 2016）．近年の中国は，アジア太平洋地域における地政学と地経学の中心となっている．経済成長をリードしているばかりか，アメリカの優位に挑戦しうる立場になったからである．

中国の台頭をめぐる多様な認識は，以下の 4 つの点で，インドネシア外交に影響を与えている．

第一に，その対中政策には一貫性が見られない．2000 年代初頭からこうした傾向が見られ，多くの研究者が研究の対象としてきたが（Novotny, 2010; Tjhin, 2012; Hamilton-Hart and McRae, 2015），中にはその周辺国への影響を研究している者もいる（Goh, 2013; Almuttaqi and Arif, 2016）．

対中政策が一貫していないのは，意思決定者が中国の台頭を好機であるとも，脅威であるとも見ているからである．事実，ユドヨノがメガワティ政権の政治・治安担当調整大臣の頃，次のような発言をしている．「そう，中国と競争する場合もあれば，中国から恩恵を受ける場合もある．だから，インドと中国といった 2 つの大国に従いながら，漁夫の利を得ることがインドネシア外交の基本スタンスである」（Wibisono, 2010: 186）

こうした外交政策の結果，インドネシアは米中と等距離を保とうとしてきたが，この努力は必ずしも成功しているわけでは

ない.

第二に，中国と良好な関係を維持し，その関係を利用して，自国や国際社会の懸念を中国側に伝えている．たとえば，中国が主張する平和的台頭論を信じてもらえるかどうかは東南アジア諸国との関係次第だと，折に触れて伝えている．

また係争海域の対立と緊張を管理するための「南シナ海における行動規範」の交渉を妥結させるよう，中国側に粘り強く働き掛けている．インドネシアは，非当事国として紛争当事国間の対立を仲裁し，会話の橋渡し役を果たそうとしており，最近も，みずから公言することはないものの，南シナ海の紛争に関する常設仲裁裁判所の裁定を尊重するよう助言し，中国側に受け入れられるような態度で接している．

第三に，自由と能動といった外交原則ゆえに，米中と同盟関係を築けないし，築こうともしないが，両大国が地域に関わることで地域や世界が不安定にならないよう，積極的な役割を果たしている．こうしたインドネシアによるリスク回避行動は，広く議論されている（Goh, 2007/2008; Gill, Goh and Huang, 2016）.

南シナ海における米中の覇権争いは，東南アジアでもっとも注目すべき安全保障上の課題の１つである．海域の安全と安定は，インドネシアの安全保障と経済に必要不可欠である．南シナ海の対立激化は地域を不安定にするばかりか，航海の安全をも妨げる．インドネシアは米中が一戦を交えることは望んでいないし，特に当該海域においてはそうである．

中国の人工島建設も，人工島から 12 カイリ内に艦艇が航行する最近のアメリカの作戦行動も，インドネシアやその周辺国の懸念を生んでいる．インドネシアは，米中双方が当該地域を尊重し，安全保障にあって覇を唱えないよう心から願っている．

第 6 章　インドネシア──多様性が生み出す対中政策　179

インドネシアが中国と良好な関係を維持しているのは，現代世界にあって重要な存在で，東南アジアやアジア太平洋，世界におけるアメリカの独り勝ちに対抗する代替勢力と見なしているからである．他の周辺国同様，インドネシアはどの大国にも地域における国家間関係を支配してほしくないと考えている．そのため米中間ばかりか，中印日の3ヶ国間でも関係の均衡を図ろうとしてきた．

そして第四に，ASEAN を中心とした地域協力の枠組みを利用することで，中国を含む大国への依存を軽減しようとしている．中国は，その経済力と政治力を駆使し，2012 年に ASE-AN を分割統治することに成功した．同年 ASEAN 史上初めて，外相会合で南シナ海の領有権問題をめぐる合意が得られず，共同コミュニケを用意できなかったからである．

こうした事態に深く落胆したものの，インドネシアはそれ以降，中国に敵対的な政策を取ろうとはしていない．それどころか，ASEAN 内のさまざまな「障害」に取り組み，調整する橋渡し役を担おうとし，「南シナ海における行動規範」の ASE-AN 草案を受け入れるよう中国に働きかけている．

係争地に多くの鉱物・エネルギー資源が埋蔵されていることを考えると，中国は領有権の主張を取り下げないだろう．しかし地域の安定に強い関心を持つインドネシアは行動規範に取り組み，紛争当事国に強制力の使用を控えるようクギを刺す一方で，紛争管理をめぐる ASEAN の役割を支援しようとしている．これこそ，インドネシアが 1990 年代以降の紛争解決に深く関わり，中国に行動規範への調印を粘り強く説得してきた理由である．

5 おわりに

　中国の台頭に対するインドネシアの認識は，関係者により，中国の台頭をどの側面で捉えるかにより，また時間の経過により，さまざまである．一般に，インドネシアでは関係者によって中国の台頭に対する認識が異なる．また関係者の認識は，(1) 国内政治や (2) 対中関係で生じる一連の出来事，(3) アメリカを含む西側との関係などから影響を受け，変化してきた．長く続いた中国に対する疑念も，スハルト政権の終盤には消え去っている．

　軍関係者には，外交関係者の中でもっとも否定的な対中感情を持ち続ける者がいる．軍用品や訓練に関するアメリカの禁輸措置を境に中国寄りになった者もいるが，中国がナトゥナ諸島におけるインドネシアの主権に挑戦するようになると，こうした好感情も長く続かなくなった．貿易による悪影響や中国側の約束不履行，ナトゥナ諸島をめぐる事件といった好ましくない出来事が，中国の台頭に対する否定的な認識を募らせ，強めている．

　インドネシアの経済関係者，とりわけ華人は，両国の経済交流に関わり続けているためか，中国の台頭を肯定的に捉え続けているようである．正常化前後には好意的であった政府関係者は，アジアの大国との付き合いが期待したほどではないことを知り，中国の台頭に対して，以前とは異なる意見や認識を持つようになっている．

　それでもなお，中国研究の私的グループや，学生を含む研究者，シンクタンクによる中国の台頭をめぐる認識はさまざまである．中国の台頭が肯定的な影響と否定的な影響をもたらした

第6章　インドネシア——多様性が生み出す対中政策　181

ことを考慮して，その著作や出版物で，肯定的な感情を示す者や批判的な見解を述べる者，控えめな書き方をする者が混在している．こうした多様な認識が，米中と等距離を置き，時にヘッジしていると評される対中政策が形作られる原因となっている．

　もっとも，インドネシアの対中政策には，これ以外の特徴もある．

　インドネシアはその親密な関係を利用し，南シナ海での紛争を含めた中国の振る舞いに自国や国際社会が抱いている懸念を述べ，公開の場で話し合うことのできない微妙な問題や懸念を中国側に伝えている．中国との親密な関係のおかげで，アジアで受け入れやすい静かな外交，メンツを保つ戦略を巧みに利用して中国にアプローチし，懸案事項を伝えているのである．しかも，自国や周辺地域における大国の一極支配を拒否する立場を堅持し，周辺諸国が地域の問題に対処し積極的な役割を担えるよう，ASEAN の強化に取り組んでいる．

　このように国内に多様な認識があることで，インドネシアは中国の台頭に多くの対応戦略を持つようになったのである．

第7章

オーストラリア
中国脅威論の歴史と現在

デヴィッド・S・G・グッドマン

1 はじめに

2015年2月，上海からシドニーに向かう飛行機の中で，オーストラリアに今ある「中国の脅威」と隣り合わせになった．氏名はともあれ，そのビジネスマンは，オーストラリアのマッコーリー銀行が身元引受人となった現地調査・投資ミッションで，オーストラリア出張に向かうところだった．石油事業に従事していたこのビジネスマンは，年齢と地位からすると，国営企業でキャリアを開始し，ごく最近になって市場化された社会組織（国有企業が完全所有するものの，市場で活動する営利企業）に移ったようだ．彼は今回の出張で会社の豊富な資金の投資先を探すとともに，時折居住する住宅を購入する（シドニーの住宅市場は「活況」であると彼は聞いていた）といった個人的関心をもっていた．

オーストラリアにおける中国の脅威——中国（人）に乗っ取られる恐怖——は，巷の議論の奥深くに潜んでいるわけではない．実際，2015年3月にはニューサウスウェールズ州の選挙の論点となった．

シドニーの住宅価格が急激に上昇しているのは，中国から購入者が群がり，オーストラリア人を市場から追い出しているからだと言われている（Stephen Nicholls, 2015b）．彼らが批判されているのは，ニューサウスウェールズ州のハンター地域や，その他の農業用地を鉱工業開発に使うために購入しているからだけでない．彼らが市場化された公共インフラ（発電産業）を購入することに「安全保障上のリスクがある」と思われている

184　II　華人世界の中の多様性

からでもある（Higgins, 2015）．いずれの場合も，道徳的な義憤によって批判が強まっている．中国は自由な民主主義の国ではないために信頼されず，オーストラリアで使われる資金は，必ずと言ってよいほど汚職の結果と見なされている（Higgins, 2014）．

19世紀後半，最初は金鉱地，次は主要都市の市場向け農園で働くため，中国人が大挙して押し寄せてきたが，当時の中国の脅威は，主として人口をめぐる問題だった．ところが最近では経済や金融を軸に，これにわずかばかり長期的な軍事的脅威が加わったものとなっている．基本的にある種の本能的反応である点に変わらないが，これも，中国人によってもたらされる変化や社会・経済的な受け入れへの直接的で，内向きなポピュリスト的反応であるばかりか，政治的・経済的エリートが中国との交流を進めようとしているのに，中国の影響が増えることに人びとが反発しているからでもある．

何も変わったことはない．19世紀を通じ，東南アジアとオーストラリアのあらゆる場所で，現地の住民が触れたくない「汚い」仕事をさせるために中国人労働者（「クーリー」）が連れてこられるのは日常茶飯だった．今は，中国経済の成長と抱き合わせでオーストラリアの経済を成長させることが戦略とされている．しかし，以前と同様，そのバランスをとるのは容易ではない．経済での中国好機論や安全保障での中国挑戦論は，世論を誘導・操作する者によって，すぐにでも中国脅威論へと変わりうる．

中国の脅威に関するオーストラリア人（一般の人びともエリートも）の認識が何も変化していないと言っているわけではない．この20年ほどの状況を調べてみればわかるが，実際にはその逆だ．中国の脅威をめぐる政治は新たな領域でも見られる

ようになり，その複雑さも増している．

　本章では，中国の脅威をめぐる歴史について検討することから始める．その後，社会問題や経済発展，外交・防衛政策に現れる，中国の脅威をめぐる政治を検討する．そして国民的な議論や政府の行動が両面的なものとならざるをえない点を強調し，最後に中国の脅威をめぐる政治に影響を与える要因を議論する．

　「もし自分について書くのなら，経済統合の事例として扱ってほしい．そうすればみんなの利益になるから」．上述のビジネスマンは，このように語った．

2　中国脅威論の歴史

　オーストラリアで中国脅威論が現れたのは 19 世紀半ば．植民地の統合によって連邦が形成される以前のことである．

　実際，オーストラリア連邦の成立は，かなりの程度，将来中国，少なくても中国人に侵略されるかもしれないとする恐怖と関係していた．しかも白豪主義に現れているように，中国人を含まないばかりか，中国人とは対極の存在としてオーストラリア人が定義されることになった．こうした決定の背後には，最初から人種差別が入り込んでいたが，公論では異文化の衝突に焦点があてられていた．こうした議論は現在まで続いており，21 世紀には国民的議論のテーマとなっている．

オーストラリアは多文化主義か？

　　「下院議長ニール・アンドリュー閣下，上院議長ポール・カルバート閣下，首相ジョン・ハワード閣下，オーストラリア連邦議会議員の皆さま．私は本日ここオーストラ

リア連邦議会議事堂で皆さまにお会いし，このように威厳
に満ちた聴衆を前に演説することに喜びを感じております．
まず初めに，中国の政府及び人民を代表し，皆さまと皆さ
まを通じ，勇敢で勤勉なオーストラリアの人びとに，心か
ら親愛の気持ちを表します．中豪両国の人民は地球の反対
側に位置し，外洋に隔てられていますが，数世紀に遡る友
好的な交流をし，中国人民は常にオーストラリアの人びと
に友好的な気持ちを抱いてきました．1420 年代の昔には，
明王朝の遠征隊がオーストラリアに上陸しています．数世
紀もの間，中国人は大海を越え，当時南の大陸と呼ばれて
いた国，今日のオーストラリアに渡り，定住しました．彼
らはこの地に中国の文化を持ち込み，地元の人びとと平和
に暮らしてきました．中国人が誇りを持って文化を分かち
合ったことが，オーストラリアの経済や社会，力強い多文
化に貢献しています」[1]．

　胡錦濤総書記は，2003 年 10 月にオーストラリア連邦議会
議事堂で行った演説の中で，このように述べた．この発言は，
（つくり話とまでは言わないものの）若干奇異である．というの
も，1788 年（イギリス人の植民開始）以前の人びとは 2003 年
の連邦議会の代表とは様子が違うし，オーストラリアにおける
多文化主義の歴史はせいぜい 40 年にすぎない（し，場所によ
ってはもっと歴史が短い）．しかも地元の人びとが中国人と「平
和に暮らしてきた」というくだりは，1901 年から 1970 年代
前半まで存在した白豪主義と相容れないように思われるから

---

　1)　以上の発言は，以下の URL からの引用．http://australianpoli
tics.com/2003/10/24/hu-jintao-speech-to-australian-parlia
ment.html

だ[2].

　中国人がオーストラリアの植民地に大挙して現れたのは，
19 世紀半ばのことである．ビクトリア州の金鉱地では中国人
労働者が出身国別でイギリスに次ぐ最大のグループで，アイル
ランドやスコットランド，ウェールズ出身の労働者よりはるか
に多かった（Cronin, 1982）．ダーウィンでは中国人の住民が
最大多数派だった（Ganter, 2006）．入植先では長い間，特に
イギリスによる囚人労働者の強制移住が終わってからは，中国
人移住者が労働力不足への手っ取り早い解決策と考えられてい
た．

　1851 年の金の発見とともに中国人の移住者は急増し，人種
的不寛容と敵対意識が生まれた．1861 年にはニューサウスウ
ェールズ政府が中国人移民規制制限法を施行した．中国人の滞
在期間の上限や国籍取得の可否，就労手続き，家族同伴の可否
を管理するこの法律は，（ゴールドラッシュが下火になったこと
もあり）1867 年にいったん廃止された．ところが 1881 年，
1887 年，1898 年と新たな制限法が次々と施行されるように
なり，1898 年には書き取りテストが導入されて，後の悪名高
い白豪主義へとつながっていくことになる（Price, 1974）．連
邦成立（1901 年に植民地がオーストラリア連邦に統合される）後，
初めて開かれた連邦議会が法制化したのも移民制限法だった．
これは新しい国家の「白豪」主義を公にしたものだったが，主
なターゲットとなったのは中国人だった．

　このような施策をしたのはオーストラリアだけではなかった．
19 世紀末にはアメリカやカナダなど他の移民国家でも，白人

---

　2)　胡錦濤のこれらの所見の来歴については Goodman（2006）で議
　　論されている．

188　II　華人世界の中の多様性

至上主義に基づく施策を通じて移民の管理を行っていた（Markus, 1979）．当時，カナダやオーストラリアだけでなく，南アフリカやニュージーランドなども「海外在留イギリス人」のコミュニティを創ろうとしていたが，オーストラリアに特徴的なのは，「白人」を新国家建国神話の中心に据え，これを基礎に道徳的秩序を積み上げようとしたところにある．

白豪主義と人種差別主義

19世紀末に向けオーストラリアでは，中国人に対する極端な人種差別が広がっていた．労働者は職を失う恐れ，商人は店がつぶれる不安，地主は土地を奪われる恐怖を感じていた．オーストラリアへと変わろうとしていた社会では，連邦提唱者が困惑するほど敵対意識が高まっていた．州の間の対抗意識も強く，プロテスタント対カトリック，イングランド人を祖先に持つ者対アイルランド人を祖先に持つ者，労働者対資本家，大地主対小地主・小作農の間でも激しい対立が見られた（Curthoys and Markus, 1978）．中国人を共通の敵とする法的措置は新しい国家に集う人びとを団結させるばかりか，新たな政治体制下での新たな政治家を優れた指導者に祭り上げ，新たな存在意義を見つけるのに一役買った（Horne, 2000: 75-6）．

国家建設という点で，「白人」とオーストラリアは不可分だった．その目標のため，中国人は身体的外見だけでなく，文化が根本的に異なり，互いに相いれないものと見なされたからである（Willard, 1923）．中国人が「クーリー」，すなわち季節労働者として定住するようになると，中国人の移住者は奴隷精神をもつ典型的な奴隷となった．新しい文明を築こうと「休む暇を惜しみ，好奇心に満ち，貪欲な」ヨーロッパの精神とは対照的に，中国人は「古くから変わらない東洋文明の末裔」とい

った伝統に縛られる存在と見なされた（Price, 1974: 116-7）.

　1901年以降，白豪主義はある意味，大きな成功をとげた．中国からの移民は減少し，国内での中国人の活動は制限された．1900年から1930年にかけて，人口は1万5,000人にまで減少した（Choi, 1975; Tavan, 2005）.

　移動や統合が制限される中で，多くの中国系オーストラリア人はスポーツや軍隊で活躍し，劇的なまでにビジネスで成功するなど，各領域で模範的な市民となった[3]．世界で不動産ビジネスを展開するLJ Hooker社は，その代表的な例であるが，他にも，全世界とはいわないまでも，上海や華南地域で活躍する永安国際（ウィン・オン・インターナショナル・カンパニー）など多くの例がある（Cochran, 2000; Faure, 2006）.

　第一次世界大戦後にクィーンズランドのバナナ産業が成長した時も，19世紀後半（に主要な植民地の首都周辺の市場向け農園で起きたの）とよく似た問題が起き，敵意や不寛容，人種間の緊張が再燃した（Rolls, 1992; 1996）.

3）　中国系オーストラリア人の視点から白豪主義を唯一検証し，その明らかな人種差別を詳細に分析した最良かつ最新のものとして，Fitzgerald（2007）がある．「……価値観の対立といった問題は，直接感じとることができる差異から派生する二次的な問題にすぎなかった．19世紀以降オーストラリアで公表された資料からわかるのは，白人のオーストラリア人が異質な物質文化との接触から生まれた感覚の印象から中国人を区別していたということである．それは，中国人の身体的な外見，振る舞い，歩き方，話し方，衣服，料理及び食事のスタイル，建築，仕事，宗教礼拝の仕方であり，主にこれらによって中国人を批判し，戯画化した．オーストラリアにおける人種対立は文明の衝突を象徴しており，そこでは価値観の競争があったとする文化論的議論が，人種差別を正当化していた．こうした議論は，一般の人びとが人種差別する理由を説明としてはいるが，実際にはその正当化の論理として用いられているにすぎない」.

190　II　華人世界の中の多様性

白豪主義の影響とその後

　オーストラリアの白豪主義，とりわけ中国の脅威は，少なくとも1970年代までオーストラリアの外交に大きな影響を与えることになった．東アジアや東南アジアの隣国との関係は，この時期までよくいって曖昧，多くの場合，非友好的だった．

　中国（人）を脅威に思っていたことは明らかだった．オーストラリアは英連邦軍としてマラヤ非常事態に参戦，朝鮮戦争やヴェトナム戦争の際にはアメリカの同盟国として戦ったが，中国人を公然と遠ざけた（Cotton, 2014: 110-111）．国際連盟が結成された1919年には，日本が最初の憲章に人種間の平等を書き込もうとしたものの連盟は支持せず，日本の意見に軽蔑の言葉を投げつけたあげく——オーストラリアのヒューズ首相は「理想主義者のたわごと」と呼んだ——，文化的差異（や国民的価値）は普遍的価値より重要であるとした．連盟加盟国は日本の提案を支持しなかったばかりか，反対運動まで起こした．

　この話は，後に皮肉な展開を見せる．日本のメンツがつぶされたため，その後アメリカ大統領のウッドロウ・ウィルソンは，1914年までドイツの植民地だった山東半島を，中国政府の期待を裏切って中国の管理下には戻さず，日本に引き渡すべきだとする要求を飲まざるをえなくなった．このニュースが発表されると1919年5月4日に中国で抗議行動が起こり，ナショナリズムを支持する近代中国で初めての社会運動（後に五四運動と呼ばれる）へとつながっていく．五四運動の特徴の1つに急進的な政治改革の要求があり，これが中国共産党設立につながる直接的なきっかけとなった（Brawley, 1997: 33）．

　オーストラリアの白豪主義は1940年前後から30年ほどかけ，徐々に終息に向かっていく．国民の意識にあった中国人移民への敵対心は時とともに和らぎ，これを受け入れるようにな

っていった.

　変化の始まりは太平洋戦争だった. 中国（人）は対日戦線で
オーストラリアと同じ側に立った. 日本に侵略された中国に国
民の支持が集まり, オーストラリアで遭難した中国人船員は,
不法移民であっても組合活動家が面倒を見た. 大戦後, こうし
た不法移民の定住が許されるようになり, 白豪主義に亀裂が生
じた. 欧州連合が成立し, 1973 年にイギリスが正式加入する
と, 豪英間の距離が, 特に経済面で広がることになり, 戦略の
見直しが行われるようになった（Viviani, 1992）.

　1980 年代後半までには, 移民の受け入れとその規模につい
て国民的議論が進み, 一部エリートが, 東アジアや東南アジア
からの移民受け入れを認めるロビー活動を行った.

　1989 年 6 月, 中国政府が学生デモ隊に発砲した天安門事件
は, オーストラリアへの中国人移民にとって重大な転機である
ことを示すはずだった. 当時のボブ・ホーク首相は, この事件
から少なくとも移民の条件を引き上げる機会を得たはずだった.
ところが, 北京で命が失われたことを認める涙の演説で, 首相
は, 「オーストラリア政府は在留を希望するすべての中国人学
生を庇護する」と一方的に約束した. その結果, 急きょ 4 万
2,000 人の中国人に移民資格が与えられることになり, 家族
再統合プログラムのもとで, さらに 10 万人が上乗せされるこ
とになった（Chan, 2014）.

3　中国脅威論の現在

　現在のオーストラリアにおける中国の脅威は, 表面上, 以前
とまったく異なっているように見える. 事実, 移民や経済交流
に関する政策は, 白豪主義の時代から劇的なまでに変化した.

2011年のセンサス統計によれば，オーストラリアの総人口の約4%にあたる86万5,000人が中国系で，その約半数がシドニーに居住し（シドニーの人口の8%強を占める），4分の1がメルボルンにいる[4]．現在，中国からのオーストラリアへの移住は過去最多で，単独の国としては，イギリスやニュージーランドに次ぐ最大の移民送り出し国となっている．オーストラリアで英語の次に用いられている言語は中国語である（Australian Government, Department of Immigration and Border Protection, 2013）．

中国との経済交流も今ほど活発な時期はない．中国は輸入，輸出ともにオーストラリアにとっての最大（金額ベース）の貿易相手国である．

オーストラリアの中国経済への依存度は驚くほど高い．中国との貿易総額は，これに次ぐ貿易額を誇る第2位のアメリカ，第3位の日本，第4位の韓国を足した額より大きい．しかも，中国からの投資は歓迎されているばかりか，投資の誘致は連邦政府や州政府の大きな仕事になっている[5]．

とはいえ，中国（人）と取引をする際，白豪主義時代の価値観が完全に忘れ去られているわけではない．

歴史家のキース・ウィンズチャトルは，21世紀初頭の著作で，白豪主義を正当化する文化論的議論に回帰し，中国は昔も今も変わらないとした．同氏は王朝の時代であれ社会主義の時代であれ，奴隷が国家に服従する奴隷制の国として中国を描いている．

---

4) オーストラリア統計局による2011年センサスの結果による．
   http://www.censusdata.abs.gov.au
5) http://www.lowyinterpreter.org/?COLLCC=3409255565&d=
   D%20-%20Hugh%20White%27s%20Quarterly%20

「一方に，絶対的な権力が数千年もの間当然視され，個人の権利は無きに等しく，下層階級が特権的な権力者の言いなりになる中国の文化があった．他方に，季節労働者の脅威に対する反対運動に勝利したばかりで，『自由の身に生まれたイギリス人』の数世紀にわたる伝統の継承者たる，急成長するオーストラリアの文化があった．……古きヨーロッパにおける祖先伝来の地位と特権から脱却した人びとが，東洋的専制主義の奴隷根性に浸りきった人びとに出会ったのだ」（Windschuttle, 2004: 178）．

中国の脅威への両面的対応

　現代における中国の脅威は，白豪主義時代に比べてはるかに複雑である．

　第一に，台頭する大国との関係は以前の人種差別と無関係ではないし，国際政治の観点から見れば，相手は中華人民共和国といった共産主義国家である．第二次大戦後のアメリカとの緊密な関係や，過去60余年国内政治で見られた共産主義への毀誉褒貶は，オーストラリアの対中関係に大きな影響を及ぼしている．また豪中間の社会的・経済的結びつきは，両国間の国家レベルや個人レベルでの関係を決定するのが，連邦政府による政策だけでないことを示している．

　こうした状況にあって，中国（人）に関する公論に両面性があるのは，当然と言えば当然である．中国からの移住者が急増し，中国経済のおかげでオーストラリアの成長が見込めるのだから，なおさらである．

　トニー・アボット首相（当時）は，2014年11月16日にオーストラリアでG20の会合が開かれた際，キリビリハウス（シドニー）でドイツのアンゲラ・メルケル首相と会い，中国

図 7-1　アボット首相とメルケル首相のやり取りを揶揄する漫画

出典）2015 年 4 月 15 日付　*Sydney Morning Herald.*

に関する両面性の一端を的確に表現した．メルケル首相は驚いた表情で，オーストラリアの対中政策は何によって決まるのか質問したところ，アボット首相も同様に驚いた表情で，「恐怖と欲望」と答えた．この応答に，オブザーバーやコメンテーターは（当然であるが）言葉を失った．コメントが不正確だからではない．首相らしくない，型破りのコメントだったからである（図 7-1 参照）．著名な研究者でコンサルタントのリンダ・ヤコブソンいわく，「恐怖と欲望——うーん，首相は対中姿勢の両面性をうまく捉えていますね」（Garnaut, 2015）

　当時の首相はこのようにコメントしたが，オーストラリアでは必ずしもすべての人が中国（人）に対し，否定的な態度でいるわけではない．オーストラリアの社会的，経済的，政治的エリートの中には，バランスのとれた前向きな姿勢を取ることが

第 7 章　オーストラリア——中国脅威論の歴史と現在　195

長い目で見て利益となると考えている者も多くいる（多数決をとっているわけではないが）.

1970年代の前半には，当時のゴフ・ウィットラム首相が人種的平等を国の原則とすることを宣言し，白豪主義に終止符を打った．1980年代後半から1990年代前半にかけて，ホークとキーティングの両政権は，政府の外交政策や啓発活動に資金を拠出するためアジア研究協会（Asian Studies Council）を設立し，中国や東アジア・東南アジア諸国との関係改善に前向きな世論を醸成した．

鉱工業者や金融機関は，中国との販売活動や経済取引から儲けが生まれるだろうと考えていた．ヒュー・ホワイト——かつては国防省のトップ官僚だったが，今はオーストラリア国立大学の研究者となっている——のような気骨ある者は（White, 2013a），アメリカとの同盟だけに依存するのをやめるか，中国との関係を強化するか，あるいはその両方を進めるよう強く進言してきた[6].　それでもなお，中国（人）に対するオーストラリアの姿勢には，社会，経済，政治のいずれの点でも両面性が残っている．

社会不安

オーストラリアの人口に占める中国系の割合が大きいため，社会的な両面性が余計に目に付く．

オーストラリア人は郊外を生活空間にしているが，多くの場合，郵便番号が宛がわれ不動産業者が開発しただけの，準地方自治体となっている．中国系以外，移住者が住民の10％を超える郊外はない．ところがシドニーでは，10の郊外で中国系

6）　5）と同じ.

が住民の 30% を超えており，ハーストヴィルでは絶対多数を形成している．その結果，シドニー周辺には「チャイナタウン」が数ヶ所あり，ヘイマーケットエリアの中心には，初期の入植者の大部分が広東省南端のマカオに隣接し，香港にも近い中山県からやってきて開発した，19 世紀のダウンタウンがそのまま残っている．他の集住地にもそれぞれに特徴があり，アッシュフィールドは上海人の影響が強く，チャットウッドとハーストヴィルでは香港人が支配的である（Stephen Nicholls, 2015a）．

(1) 住宅問題

住宅は近年中国の脅威が公然と語られている分野の 1 つとなっている．

シドニーで住宅価格が急騰しているのは，多くの中国人が居住目的ではなく，利益目的だけのために高騰する住宅市場に参入しているからだとされている（Stephen Nicholls, 2015b）．しかも，住宅購入のための投資資金が中国で不正に取得され，これがオーストラリアで秘匿・蓄財されている「かもしれない」，時に「してそうだ」といったレトリックが数多く流布している．以下は，その典型的な例である．

> 「シドニーやメルボルンに住宅バブルはあるかって？もちろんある．この 2 つの住宅市場は，何年も前から中国からの不正な資金の流入で歪みが生じているが，外国投資審査委員会はこのことに関心を向けるべきだ」（Sheehan, 2014）

以前（2015 年），非居住者が住宅購入をする場合に課せられ

る印紙税（不動産の販売に適用される）の増額を要求する声が上がった（Needham, 2015）．すべてのコメンテーターが中国人購入者を，このような文脈で名指ししているわけではないものの，それにしても，連邦財務大臣（ジョー・ホッキー）が介入し，有名な海辺のマンションを中国人投資家に売却するのを差し止めた際，そうする必要はなかったはずである．

　オーストラリアでは非居住者が不動産を購入するにあたって，外国投資審査委員会の監視を受けなければならないとする法的規制がある．この規制が必ずしも守られてきたようには思えないが，本件に関して連邦財務大臣は，外国投資審査委員会が知っていたならば介入すべきだったとの裁定を下した（Macken and Wen, 2015a; 2015b）．

　こうした動きを「住宅市場の保護主義だ」と嘲笑したコメンテーターもいる．たとえば，チャールズ・ウォーターハウスは連邦政府の決定を受け，次のような皮肉を書いている．

　　　「連邦政府は叫ぶ，我らはオーストラリアを取り戻している，同時にVillaも！　と……オーストラリアは売りに出されているが，ここだけは売りに出したくない——美しい庭とプール，テニスコート付きのマンションはアジア人だけには販売しない，どんなに高くても！　外国投資審査委員会は，オーストラリアをオーストラリア人が所有し続けられるようにする，企業の味方だ．ダブルベイのビル・マローフ氏を介し，Golden Fast Foods Propriety 社が宮殿のような大邸宅を3,900万ドルというはした金で購入した案件を，外国投資審査委員会の紳士たちが見すごしたのは，誇るべきポイントパイパー［シドニーの高級住宅地］のVilla del Mare にふさわしいオーストラリアのオ

198　II　華人世界の中の多様性

ーナーだと判断したからだろう．ところが，連邦政府はう
さん臭さを感じたはずだ．なにせ，3人の取締役のうち2
人は中国人．1人は韓暁冉と名乗る広州人，もう1人の
黄先貴も広州人で，フォーブス長者番付15位（財産70
億ドル）の許家印率いる恒大地産集団の取締役であったの
だから．下々の者にはダブルベイ近くに住んでほしくない．
私たちの大切なヨットハーバーの近くに住んでほしいのは，
本物のオージーと南アフリカの白人だけだ」（Water-
house, 2015）．

　住宅を購入する中国人（中国系居住者同様に）は汚職役人な
どではなく，一般の投資家であることを示唆する論評（2015
年5月）が出たが，これからも，不動産市場の懸念材料になる
ほどに反中意識が強いことがわかる（Gottliebsen, 2015）．

(2) 教育問題
　教育も中国の脅威が語られやすい分野の1つである．
　第一に，オーストラリアには中国からの留学生が20万人足
らずいる．留学生の受け入れは，鉱業に次ぐ外貨獲得産業とな
っており，これによって，オーストラリアの教育機関は歴代政
権による文教予算の乱暴な削減に耐えてきた．とはいえ，文化
や学び方の違いに配慮する余裕のない教師，居場所がないと感
じるオーストラリアの学生（その多くは中国系なのだが），保守
的な性格をもつ地域の教育関係者などから，移民反対の声が上
がっている[7]．
　第二に，中国系オーストラリア人による教育ニーズが取り上

---

7)　http://www.tesol.org.au/files/files/91_Millar.pdf

第7章　オーストラリア——中国脅威論の歴史と現在　199

げられるものの，中国からの留学生のそれと区別することが，一般の人びとにとってむずかしいといった問題がある．

　1990 年代前半から中国人移住者が増加し，地域の学校制度が変容を余儀なくされている．多くの移住者コミュニティがそうであるように，高学歴が重視される結果，特定の高等学校に不釣り合いな数の中国人が入学している．ニューサウスウェールズ州のシドニー大学，ビクトリア州のメルボルン大学といった 2 大州での最高学府で，学部入学生の多くを占めるのは今や中国系オーストラリア人で，その多くが（必ずというほどではないが）バイリンガルである．

(3) 分断されるアイデンティティ

　ところが中国系住民の増加は，当初の予想を超えた複雑な様相を呈している．というのもこれが，どこに住むとか誰と知り合うとかというだけではなく，自分は誰なのかといった問題に関わっているからである．特に階級や文化によってコミュニティ内の分断が進んでいるため，中国人全体としてのまとまりはほとんどない．

　19 世紀後半における中国系住民の大半は広東省，今日の中山県の出身で，大部分が労務者か小規模商人だった．白豪主義にもかかわらず，彼らの子孫の一部はオーストラリアに同化した．そしてその多くが母語を捨てて英語を選択し，一部地域では，1970 年代に社会の底辺層を形成するようになった．後の世代がいずれかの中国語を話すとしたら，広東語の一種を話し，同地域に自分を重ねただろう．興味深いことに，こうした中国系住民の多くは中国脅威論を当然のものとして受け入れ，移民の制限に抵抗感を感じないどころか，中国の外交政策や共産主義政治に不安を感じている（Fitzgerald, 2007）．

ところが華北や華東出身の最近の移民家族は，こうした姿勢や経験を共有しない．これらの地域からの移民は 1960 年代から 1970 年代には始まっていたが，前述のとおり，1989 年に，当時オーストラリアで学んでいた留学生の定住を認める決定をしたことが，中国系住民が急増する最大の要因となった．住民内部の分断が，国内における中国系の政治的影響力の弱さにつながっているとはいえ，2007 年の国会議員選挙で当時のジョン・ハワード首相が議席を失った原因の一端が，その選挙区で増えた中国人有権者が彼を反中国的だと判断したことにあるといった事例もある [8]．

経済統合の帰結

中国の経済成長が中国の脅威をめぐる政治に及ぼす影響は，甚大かつ複雑である．

豪中間の経済的な結びつきを考えるにあたって，前者は鉄鋼需要，後者は鉱業を出発点に考える必要がある．中国向けの鉱産物（鉄鉱石，ボーキサイト及び石炭）と石油の輸出は，2003 年から 2013 年にかけてオーストラリア経済を大きく浮揚させ（しばしば鉱業景気と評される），とりわけ 2008 年の世界経済危機の影響を最小限に食い止める役割を果たした．西オーストラリア州に至っては，その地域経済が鉱業と採取産業にほぼ全面的に依存するようになっており（Government of Western Australia, State Treasury, 2014），オーストラリアにおける外貨獲得産業は，これ以外には教育産業しかない．

オーストラリアの中国経済への依存が著しい点はすでに指摘した．中国経済が急速に成長すると，2013 年までの 10 年間

---

8) http://www.abc.net.au/lateline/content/2007/s2095242.htm

がそうだったように建設業や小売業，観光及びサービス業全般
が，鉱業や教育産業をはるかに上回る恩恵を受ける．中国経済
の成長率が減少すると，2013年以降そうなったように，中国
脅威論が台頭する（Hume, 2013）．

　思いもしないほどの富を届けてくれるカーゴカルト（積荷信
仰）の対象として中国を見ることと，生来の反中感情は，明ら
かに矛盾している．

　シドニーにおける中国人の住宅購入に関する2015年前半
の議論を背景に，中国の対豪住宅投資予想額が2015年から
2021年にかけて600億ドルと，過去6年間の投資実績の2
倍を超えることを嬉々として報道する2015年5月の新聞記
事などは，前者の典型的なケースである（Brown, 2015）．

　2014年11月にアンドリュー・ロブ貿易・投資大臣が発表
した豪中自由貿易協定も，こうしたケースに含まれる．詳細は
わからないが，ロブ大臣はこの協定は中国がこれまで先進国と
調印した協定の中でもっとも重要なものであり，中国がオース
トラリアの経済に関与する扉を開くものだと主張した．大臣は
当時ABCのインタビューで次のように述べているが，その言
い回しが面白い．

　　「協定によって利益や仕事，チャンスが増えることを人
　　びとはわかり始めるだろう．また，これまで国中に広がり
　　やすかった恐怖もなくなるだろう」[9]．

ロブ大臣が口にした「恐怖」は，2015年3月のニューサウ

　9）　http://www.abc.net.au/news/2014-11-18/trade-minister-
　　defends-fta-with-china/5898322

スウェールズ州選挙で見つけることができる．とある機会に，有力な労働組合（建設・林野・鉱山・エネルギー労働組合）の全国組織の書記が，電力産業のインフラ（現在は公共所有）を中国に売却する計画がある（と言われていた）州の首相を次のように挑発した．

　　「州民は土曜日（投票日）の前に中国の送電会社が電柱や電線の所有者になる可能性が高いかどうかについて，当然知る権利がある」(Sean Nicholls, 2015).

　ニューサウスウェールズ州の選挙管理委員会に提出された，あるコンサルタントの報告書では，中国政府が選挙のオンライン投票システムにハッキングする危険性が指摘されたという(Hasham, 2015).

　中国の経済的プレゼンスは，中国の脅威に関する政治がもつ両面性を助長しかねない．とりわけ，オーストラリア経済の対中依存が安全保障や国際舞台でのアメリカとの同盟関係を損なうことになれば，なおさらのことである．

　1983年に始まる規制緩和を境に，オーストラリアは国際経済との結びつきを進め，経済の成長と安定，国民の高い生活水準を実現してきた．この経済統合には，当然のことながら，中国向けの天然資源——石炭や鉄鉱石，小麦，米，羊毛，高級食材など——の販売も含まれている．ジョン・ハワードは首相在任中（1996-2007）に経済的好機と戦略的挑戦の併存として，中豪関係の逆説を説明しようとしたが，同様に重要なはずの戦略的挑戦についてはほとんど語られず，政府が発行した2000年の国防白書ですら，問題の可能性を指摘するにとどまっている（McDowall, 2009).

しかし経済統合は双方向で進むものであり，中国からの資金と人の流入は，国内での社会と政治の変化をもたらす．予想されたように，中国の会社は対豪投資を開始し，特に鉱山の購入や将来の採掘に向けて動き出した．

シドニーの北に位置するニューサウスウェールズ州のハンター地域で多くの中国企業（特に兗州煤業股份有限公司と神華能源股份有限公司）が農地を買収しているが，これに対する反応は，中国の脅威をめぐる政治に両面性が見られることを典型的に示している．

この農地は大規模な石炭層の上にあって，まだ開発の手が入っていない．中国の投資は，農業主が売却した土地を20年でリースバックする形で行われている．20年後には石炭を採掘する必要がなくなっているだろうと踏んでのことである[10]．土地を売却する者は濡れ手に粟だから，当然ハッピーである．ところがそれ以外の者は，中国が必要以上の影響力を行使しているように感じ，不安を募らせている．

こうしたことが公論の対象になり，マスメディアで取り上げられるようになると，オーストラリアが中国の植民地となったとか，中国共産党に支配され，中国の管理下にあるかのような印象が広がることになる（Ingram, 2014）．シドニーのラジオ・ショック・ジョック［意図的に扇動的な発言をして耳目を集めるラジオのDJのこと］であるアラン・ジョーンズは，中国の対豪投資に一貫して辛口の批評をしてきたが，2014年11月に公表された自由貿易協定を批判した際，彼は首相に食ってかかって，こう言った．

---

10) https://www.prd.com.au/documents/704/Foreign%20O wnership%20of%20Primary%20Production%20Land%20 in%20NSW%20l%20Q1%202012.pdf

「選挙で勝つには，パブ・テストに合格しないとね．しかし，トニー・アボットは中国に行って農場を買うだろうか？　首相，答えはノーだ，買えるわけがない」[11].

　しかも，中国の対豪投資は偏って理解されやすい．その投資額は2014年時点で約310億ドルと，その約20倍のアメリカからの投資や約15倍のイギリスからの投資に比べ，圧倒的に規模が少ない[12]．中国の対豪投資はオーストラリアの対中投資（300億ドル）とほぼ同額で，均衡も取れている（Laurenceson, 2015）．

外交・安全保障での立ち位置

　最後に，オーストラリアの外交・防衛政策を取り上げよう．この分野では，太平洋地域における中国の台頭やアメリカの支配に対する挑戦，同地域からアメリカが撤退する可能性など，少なくとも表向きは中国の脅威に関わる新たな政策が出現している．

　1940年代以降，豪米の同盟関係は全政権にとって外交政策の支柱だった．中国の台頭によって，アメリカとの同盟に終止符を打つことが自国の利益に叶う状態になるかもしれないなどと，本気で考えたことのある政権はない（Cotton and Ravenhill, 2013）．それどころか，軍や諜報機関，それに政治家のほとんどは，国際舞台で中国政府が行いうる戦略的な挑戦こそ，中国の脅威というにふさわしいと考えている．

　実際，中国脅威論に囚われつつ中国と付き合うことには，2

11）　9）と同じ．
12）　http://www.abs.gov.au/ausstats/abs@.nsf/productsbytopic/
　　　048E1F762FD2200ECA2 575A800173A67?

つの問題がある。第一に，こうした態度そのものが問題を生み出し，代替案を探すことをむずかしくさせる。第二に，こうした態度は，オーストラリア経済が置かれた状況と明らかに矛盾している。ともあれ，上記の2つの問題は，中国の脅威をめぐる政治を考える際に重要なポイントとなる[13]。

　率直に言って，オーストラリア政府は中国の脅威をめぐる政治の扱いに苦労している。しかもある意味，みずからが政治を生み出し，中国の脅威がもつ二面性を強調してきた。

　中国への対応をめぐっては，ジョン・ハワードが「最初に脅迫，次に友好」といったパターンを1990年代後半に確立してからというもの，歴代政権がこれを踏襲してきた。

　新政権は最初，（国内の有権者や世界の同盟国を喜ばすため）鼻息も荒く中国に厳しい態度で臨もうとするが，その後は譲歩しているように見せ，相手のメンツをつぶさない戦略的対応を示す。後に関係を改善させ，同盟国であるかのような示唆をする——これが1996年から2007年にかけてのハワード政権のやり方だった。2007年から2013年にかけてのラッド／ギラードによる労働党政権も（ケビン・ラッドは2007年の選挙で勝利して首相に就任したが，2010年の党首選で敗れてジュリア・ギラードに代わり，2013年の党首選の結果，ギラードと交代して数ヶ月だけ返り咲いた），2013年9月以降のトニー・アボット率いる現政権［執筆時点］も，こうしたパターンを辿っている。

(1) ハワード政権

1996年に政権の座に就いたジョン・ハワードは反アジア，

_____

13) https://theconversation.com/australian-appeasement-the-slow-boat-to-china-7224

206　II　華人世界の中の多様性

特に反中国と評されていたが，これもキャリアの初期に行った
コメントに由来する．ハワード政権の1年目は，国際舞台で
の政治的パフォーマンス，一連の政治的失態，予期せぬ出来事
などから中国との関係が悪化し，首相在任中の好意的な評価に
あって，豪中関係は「24年の歴史の中で最悪の状態」に落ち
込んだと評されるほどだった（McDowall, 2009）．

　台湾海峡で緊張が高まった3月には，外務大臣が台湾支持
を表明．4月には中国側の抗議に対抗して，開発輸入金融基金
の適用を拒否した．6月には中国が行った核実験に抗議，7月
にはブリスベーンで開催された地方自治体首長会議で台北市長
を歓迎したことから，同じく招待されていた中国の市長たちが
会議をボイコットした．7月下旬には第一回豪米閣僚協議を開
催し，中国から「オーストラリアはアメリカの新封じ込め戦略
に加担した」と非難された．9月には閣僚の台湾訪問でウラン
取引に関する交渉を行い，同じく9月にハワード首相がダラ
イ・ラマと面会したため，中国側から抗議を受けた．

　政権1年目には，国内でも，特にポーリン・ハンソンのワ
ン・ネイション［オーストラリアの極右政党］現象に悩まされた．
ハンソンはハワードが党首を務める自由党公認の国会議員候補
（クィーンズランド州）だったが，ハワードはハンソンの公認を
取り消した．その理由は，（皮肉にも）移民と中国人に対する
彼女のあからさまな反対意見のためだった．公認を取り消され
たため，無所属候補として立候補して議席を獲得．続くクィー
ンズランド州議会の選挙では複数の議席を得て，さらに運動を
広げた．

　ハワードのジレンマは，ハンソンの支持者を疎遠にできない
し，かといってハンソンやワン・ネイションに近づくことは人
種差別主義者に肩入れすることになるため，それもできない

第7章　オーストラリア──中国脅威論の歴史と現在　207

（少なくともその原因の一端は，オーストラリアの選挙制度に選好投票が組み込まれ，選挙結果が予測できないことにある）ことを知っており，そのためうまく対応できなかったところにある．ハワードが，ワン・ネイション人気はいつか消えるだろうと判断したのは正しかったが，人気が消えるまでに必要とされる時間については判断を誤った（Grant, 1997; Stokes, 2000）．

　ハワードと中国との関係が変化し始めたのは1996年末，当時の中国国家主席・江沢民との会談後である．『1997年外交政策白書——国益のために』では，中国を経済的な好機であり安全保障上の挑戦であるとする新たな枠組みが提示され，周辺地域における中国の役割の重要性を，以下のように表現していた．

　　　「中国の経済成長，それに伴う自信と影響力の高まりは，次の15年のもっとも重要な戦略的要因になるだろう．中国がいかに自国の経済成長を調整し，その外交目標を追求していくか，また他の国ぐに，とりわけアメリカと日本がどのように中国に対応するかが，きわめて重要になるだろう」（Department of Foreign Affairs and Trade, 1997: v）．

　2003年までハワード政権が重視していたのは，「安全保障上の挑戦」より，豪中間の経済関係の発展だった．しかし，2003年版の『外交政策白書——国益の増進のために』では，それまでと異なり，中国が経済と戦略の両面にわたるパートナーと位置づけられることになった．

　　　「政府は，日本との有益なパートナーシップを長く発展させるとともに，中国との戦略的経済連携を構築すること

208　II　華人世界の中の多様性

に特別な注意を払うことになるだろう」(Department of Foreign Affairs and Trade, 2003: xv).

　「戦略的経済連携」という語句と，それが示す明らかな政治的帰結は，長く論争の対象となった．それでも首相と外務大臣は，オーストラリアは将来，米中間で対立があった場合，戦略的対話者という有利な立場になるのだと主張した．アメリカは，オーストラリアの新しい位置取りに何度も不快感を示した．こうした環境にあって，ケビン・ラッド率いる労働党は中国の脅威に関わる政治を効果的に利用し，ハワードは中国に甘すぎるのではないかと攻撃した（McDowall, 2009）.

(2) ラッド／ギラード政権
　2007 年から 2013 年まで続くラッドとギラードの労働党政権でも，同じパターンが繰り返されることになる（Bloomfield, 2015）.
　ケビン・ラッドには，関係が改善すれば利益が得られると考える者たちから，豪中双方で多くの期待が寄せられた．ラッドは中国語を話せ，中国で働いた経験もある．家族の結婚を通して中国人との個人的つながりもあった．不運なことに――そして中国との強い経済的結びつきのある他国の政治指導者には考えられないことも――，ラッドは短い在任期間の早々に，中国にとってのペルソナ・ノン・グラータ（歓迎されない人）となってしまった．
　この原因は，主として 2 つの行動にあるとされている．2009 年版の国防白書が，ハワード前政権の時以上に，中国に敵対的に映ったこと，2008 年の北京大学での講演で「中国は人権状況を改善すべきだ」と，あまりにも直截に語ったことで

第 7 章　オーストラリア――中国脅威論の歴史と現在　209

ある（Riemens, 2008）.

　ハワードの対中政策について政治的スタンスを明確にするよう，ラッドは攻撃していた．ラッドの国防白書では中国の脅威が取り上げられ，中国はまたも「戦略的リスク」とされた（Toohey, 2010）．外交や安全保障など，アメリカとの同盟関係が最重要課題とされ，地域内での関係でも，中国はニュージーランド，インドネシア，インドの次の4番目に重要な国へと格下げになった（Department of Defence, 2009: 7）.

　さらに追い打ちをかけるように，白書は，中国からの直接攻撃に備え，防衛のための12隻の潜水艦を建造するとしていた．両国の間に，東南アジア諸国の数多くの軍隊と日本の強大な自衛隊が存在しているにもかかわらず，である.

　ラッドからジュリア・ギラードへの交代も，オーストラリアの利害関係者が北京で受ける敵意に満ちた出迎えを和らげるほどの即効性はなかったが，中国の役人は首相の所属する政党がこんなに簡単に一国の首相を交代させられることに，私的な驚き（とともに喜び）を示した.

　ギラードは，ラッドの外交政策をほぼそのまま継承したが，北京を訪問したのは，東京とソウルの後だった．その後，2011年11月にダーウィンでオバマ大統領と会談．アメリカの「アジア回帰」の一環として，米海兵隊のオーストラリア駐留に合意した[14].

　しかし，またしても，時間の経過と経済的好機の圧力に抗しきれず，政府による明確な敵意は希釈化されていく．2013年3月に発表されたギラード政権の国防白書では，中国との対立

　14）　www.abc.net.au/news/2011-11-16/gillard2c-obama...
　　　darwin.../3675596

が，政府の外交・防衛政策を説明する最初のページから完全に消えている．

　　「政府は，中国を敵として扱わない．中国の平和的台頭を促し，地域における戦略的競争が対立に至らないようにすることを，その政策目的とする」（Department of Defence, 2013: 11）．

　白書公表後の演説で，ギラード首相は一歩踏み込んで，こう述べた．

　　「オーストラリア政府は中国の台頭を歓迎する．中国との包括的かつ建設的な関係を維持するよう努力する．また政府は，中国の台頭とその結果生じる軍の近代化により，この地域の戦略的秩序が変わろうとしていること，また米中関係が世界の中で，またこの地域にとっても，きわめて重要であることを認識している」．

　こうした言葉は，ラッドの攻撃性が経済的理由からも政治的理由からも受け入れがたかった人びとに歓迎されたが，これは北京においても同様だった（Garnaut, 2013）．

(3) アボット政権

　トニー・アボットは自由党‐国民党の保守連合を率い，2013年9月に政権の座に就いた直後から，中国との困難な交渉に巻き込まれた．

　アボットが台湾やチベットをめぐる中国の戦略的立場に反対していたため，中国側は選挙結果を心配していた．発足後まも

なく，アボット政権は日米豪合同外相会合の場で親日的な発言をし，数日後にはアボットみずからが，日本は「オーストラリアにとってアジアで最良の友人」であると公式に説明した[15]．

領海問題をめぐる日中間の対立が続く中で，中国側が飛行禁止区域を設定したのが直接響き，短期間のうちに敵意が高まっていた．オーストラリア政府は駐豪中国大使に「日中双方が主権を主張している係争中の海域や諸島を対象に，防空地帯の拡大を一方的に宣言した」ことの説明を求めた．アボットは，オーストラリアの関係者からこの正式な抗議に潜む危険性について尋ねられた時，次のように返答した．

> 「中国がわが国と貿易をするのは，それが中国にとって利益になるからであり……オーストラリアはアメリカの強力な同盟国であるとともに，日本の強力な同盟国でもある．国際紛争は平和的に，しかも法の支配に従って解決されるべきである．したがって，それが守られない，もしくは適切に行われていない場合，わが国は率直にそう言うだろう」(Kenny and Wen, 2013)．

中国政府の反応も「中国はオーストラリア側が即座に誤りを正し，中豪間の協力関係を傷つけることがないよう要請する」といった具合に，同様に強いものだった．

2000年版の国防白書のとりまとめに尽力し，中国の脅威を強調するアプローチを弱め，中国と折り合いをつけるよう長い間主張してきたヒュー・ホワイトは，発言を撤回した方がオー

---

15) 豪中間の貿易額は2006年に豪日間の貿易額を上回り，それ以降も大きく成長した．

ストラリアの利益になるとして，次のように首相に助言した．

　「日本へのあからさまな支持はオーストラリアの経済的
利益を損ないかねないとする進言を，アボットは受け入れ
なかった……そう，彼は，みずからの政治的ポーズの代償
を国家が支払わねばならないことに，思い至らなかったの
だ．

　これは重大な決定だ．アボットがオーストラリアに対中
輸出に代わるものがあると考えているとしたら，国際経済
に関する認識が甘すぎる．また中国が自国の命運に関わる
戦略的利益のために，その莫大な経済力を使わないだろう
と考えているとしたら，国際政治の本質を知らなすぎる．
態度を変えなければ，中国がオーストラリアを経済的に痛
めつけるチャンスなどいくらでもある．自由貿易協定の早
急な合意に対する期待など，格好の標的にされかねない．

　もちろん，アボットの言っていることは正しいと思って
いる人は多いだろう．アボットは『オーストラリアは価値
観と利害を妥協させてきた』と言ったが，オーストラリア
も時に率直に発言すべきだろう．しかし，国際政治のバラ
ンスを味方につけている時に自国の価値観や利害を言い募
るのは，いかにも安易で軽々しい．覇権が他国に移れば，
そうすることはもっと困難になる．

　自分たちのものとは異なるかもしれないが，他国にも価
値観や利害があり，わが国が友好国とそうするように，他
国もみずからの価値観や利害を守るために立ち上がるだろ
う．そうなった時，わが国はどこまで自国の考えを他国に
押し付けようとするのか，またわが国がどこまで他国の考
え方を許容できるのか，見極めなければならない．これは

第7章　オーストラリア——中国脅威論の歴史と現在　213

パワー・ポリティクスと呼ばれ，容易ではない．アボット
にはそれがわかっていない．彼は，わが国と英米圏の近し
い盟友が依然として覇権を握っていると錯覚している」
(White, 2013b)．

　実のところアボットは，驚くほど素早く，少なくとも表向き
は対中姿勢をやわらげた．中豪自由貿易協定に関する合意は遅
れていたが，2014年11月の発表時，アボット首相と貿易・
投資大臣が上機嫌だったのは，前述のとおりである．
　さらに驚くべきことは，アボットが時を同じくして，中国国
家主席兼中国共産党総書記の習近平をオーストラリアの連邦議
会に迎えたことである．習近平は演説で，中国に「民主」を確
立する決意について語った．アボット首相は，習近平のこの誓
いを丁重に歓迎した上で，「中国は自由民主主義世界の一員と
なるだろう」と断じ，習近平がオーストラリアでこのように宣
言したと大々的に宣伝した．多分もっとも驚いたのは，習近平
と中国共産党だろう．彼らは，中国の「民主」と西側の民主主
義とでは意味が違うと繰り返し述べてきたからである (Hurst,
Murphy and Branigan, 2014)．

　中国系住民の増加やアジア太平洋地域における戦略バランス
の変化は，確実に社会的，経済的，政治的難題を生み出すだろ
う[16]．もちろん，それだけでは中国の脅威にならない[17]．そ
れでも，現代のオーストラリアの政治や公論の中で，中国脅威

---

　16)　たとえば，Hartcher (2015) を参照のこと．
　17)　FTA宣言に関するジョン・リーによるバランスの取れた論説を
　　　参照されたい (Lee, 2014)．リーは中国共産党や中国を厳しく批判
　　　してきた，名うての反共産主義者である．

214　II　華人世界の中の多様性

論が大きな役割を果たすことは間違いない.

同様に, 脅威の意味するものは人によって異なるだろうし, また中国のオーストラリアへの介入がこれほど大きくならなくなったとしても, 中国の脅威が歓迎されないことも確かだろう. 中国 (人) に対する姿勢は, 政治的信念 (必ずしも支持政党とはいえない) や地域的立地, 経済活動分野, 民族, それにたぶん, 生活空間によっても異なっているのである.

4 中国の脅威をめぐる政治

中国の脅威はオーストラリアに固有のものではない.

図7-2はイタリア・ヴェネチアのリアルト市場で, 2015年3月に撮影されたものである. 中国人投資家は歴史的な (ルネサンス期の) 屋内市場に進出して解体し, 現地に新しいアパートを建てたがると思われている.

とはいえ奇妙な話ではある. ヴェネチアにも歴史的建造物に関する地方自治体の条例がある. しかも, 旅行者数やその経済規模の点で, 観光業に占める中国のプレゼンスが大きくなっているのは明らかなのに, 中国からの資金がこの種の目的のために流れているといった確固たる証拠もない.

2015年のヴェネチアでは, 侵略とは言わないまでも中国人の侵入の高まりが感じられる. 街角の小さな商店が中国人の所有とされる観光客向けのケータリング店に衣装替えしつつあるのも, 現状ではやむをえないというべきか. ダナ・レオンも, ヴェネチアを舞台にした著名な警視ブルネッティ・シリーズの最新の小説の中で, 中国の販売店に触れている.

「メイド・イン・チャイナの粗悪品の財布や札入れ. ウ

図7-2 ヴェネチア・リアルト市場の中の「中国」

出典）筆者撮影.

ィンドウに飾られているハンドバッグの色を見て，フラヴィアは家の子どもたちが幼い頃に食べたがっていた安物の菓子を思い出した．毒々しい赤に強烈な緑，すべてに品がない．バッグはどんな素材から作られているかわからないけれど，ビニールではないように見せようと固くしてみても，ケバケバしい色にしても，結局は目も当てられない代物だった」(Leon, 2015: Chapter 4)．

中国の脅威はまた，オーストラリアの歴史にだけ見られるものでもない．

ヴィルヘルム期のドイツにあって，「黄禍論」は通俗小説や新興のマスコミ媒体に流布していた．ナポレオンが「巨人中国が眠りから覚めたら」中国（人）がヨーロッパに押し寄せてくると警告していたように，19世紀後半にはドイツでもウラル

山脈を越えてヨーロッパに流れ込んでくる者の物語にあふれていた [18]．黄禍論文学の読者はナポレオンが経済感覚に優れていたのと同じくらい，地理的感覚に優れていたという説がある（Knoll and Gann, 1987; Lennox and Zantop, 1998; Krüger, 2001）．ちなみに当時ナポレオンは，中国の経済規模が世界最大で，思うほどに僻地ではないと語ったとされる（Maddison, 2007）．

中国脅威論を生み出す力

オーストラリアの事例が的確に示しているように，中国脅威論には切っても切れない2つの力が働いている．

1つは，一般的な人種差別．中国（人）との付き合いが原因となっているものは少なく，中国（人）と関わらざるをえない不安が原因となっている場合が多い．現代政治の社会心理学ではよく知られている現象で，移民反対を主張する政党や運動は，移民が少ない地域で力をもちやすいのは，その典型的なケースである（Art, 2011）．オーストラリア連邦の場合のように，人びとは「他者化」のプロセスを通じて，差し迫った問題や困難の際に結束する．敵の敵は友でないばかりか，もっと恐ろしい共通の敵かもしれないとする心理には，人びとを結びつける力がある．

もう1つは，人びとを（選挙などの）政治的，（製造業から小売業，鉱業に至るビジネスに関わる）経済的，（住宅や新聞の働きに見られる）社会的目標に向けて動員しようとするエリートの態度である．エリートによる世論の動員や操作が常に冷笑的な

18）　その古典的な例として，ハーダーによる黄禍論がある（Harder, 1900）．

ものとはいえないが，その影響は（20世紀前半のオーストラリアで見られるように），きわめて非人間的なものとなりうる（Fitzgerald, 2007）．

さらに，厄介な問題が残っている．他の場所ではそれほどでもないかもしれないが，オーストラリアの場合，この他者化のプロセスがいったん始まると，なかなか元に戻らない傾向がある．集合意識にいつまでも残存し，政治家やオピニオンリーダーが利用したがるからである．

第二次世界大戦後，それまで何世紀もの間支配してきた他者化の力に対抗すべく，ヨーロッパ中の政府が断固とした行動を取り，公共支出に相当額の投資をしてきた（Gilbert, 2011）．オーストラリアでも，1980年代末から1990年代初めに，ボブ・ホークやポール・キーティングの（連邦）労働党政権下で，同種の取り組みがなされた．

1996年以降，両者の精神を引き継いだ歴代の連邦政府は，中国との関係を「恐怖と欲望」と特徴づけたトニー・アボットの考え方を受け入れれば選挙で勝て，何よりみずからの無策を正当化できると思うようになった．ステファン・フィッツジェラルドが最近書いたように[19]，影響力のあるリーダーがいないと，人びとの恐怖心は消えてなくならない（FitzGerald, 2015）．

オーストラリアにおける中国の脅威現象は，移民社会でよい社会関係を築く上での単なる不安でも，変貌する世界で主権を守ろうとする単なる願望でもない．これらはどんな国にもある，真っ当な不安である．

---

19)　元在中国オーストラリア大使で，25年以上前のアジア研究協会の中心的人物の1人である．

オーストラリアにおける中国脅威論には，完全に別個な，しかし明らかに関連している2つの要因が作用している．

1つは，強力な米豪同盟であり，アメリカの政治的な展望やレトリックによる支配である．そのようなレトリックの最近の例に次のようなものがあるが，これは決して稀なものではない．

　　「世界の秩序にとっての最大の挑戦は，中華人民共和国の復活である．中国は，アメリカの指導力と世界の安定を脅かしうるだけの規模と富，野心をもつ唯一の存在である．その国家的安全保障ばかりか，アメリカが数十年間かけて作り上げ牽引してきた，国際システムの将来もまた，危機に瀕しているのである」(Blumenthal and Inboden, 2015)．

このようなレトリックが使われることもあって，米豪中関係は奇妙で厄介な岐路に立っている．

2015年5月中旬，中国が広域にわたる主権を主張し，人工島の建設を行っている南シナ海で緊張が高まっていた．ワシントンの連邦議会公聴会でデヴィッド・シェア防衛次官補は，「両国政府は南シナ海における中国の行動に対抗するため，アメリカがオーストラリアに超音速の長距離爆撃機を配属することに合意した」と述べた．オーストラリアの首相は速やかに「シェアの発言は誤っている」と指摘した．結局，どの程度「誤った発言」かは明らかで，シェアは時と場所をわきまえずに話しただけだった．爆撃機はオーストラリアには配置されず，上空を「巡回」することになるだろう．シェアが口を滑らせた時，両国はまだ合意には達しておらず，コスト，準備などは協議中だった (White, 2015; Sheridan, 2015)．

図7-3 「ラテンアメリカにおける中国の拡大」

出典）http://www20.iadb.org/intal/catalogo/ExternoCarta.aspx?lang=en&signatura=339.9%2520%2F%2520MAN-EXP%2520%2F%25202015

　もう1つは、中国脅威論がもつセンセーショナルな力である．

　公論の場で例外なくよく売れるものは——そして多くの場合，商業的，政治的価値が大きいのは——，単にそれがセンセーショナルだからである．中国脅威論にこうした力があることは，上の写真を見てもわかる（図7-3参照）．

　これもまたオーストラリアのものではなく，エクアドルで編集された中国とラテンアメリカ諸国の経済関係に関する（学術的）論文集で用いられているものである（Baca, 2015）．編集者や出版社（ことによると両者）は，おそらくこの本を——経済統合や経済交流に関する論評としてではなく——「ラテンア

メリカにおける中国の拡大」と名付けるだけでなく，中国脅威論のイメージを強調することで，売り上げを増やしたかったのだろう.

　革長靴を履いた兵士がラテンアメリカを横切っている. 朝日のモチーフによって学問的信頼性が増しているように思えるのは，中国よりも日本のイメージに近いからだろうか.

終　章

チャイナ・インパクトの
作動メカニズム

園田茂人

認知心理学の基礎概念に「選択的注意」がある．人間の認知には，複数存在する情報のうち，自身にとって意味ある情報を意図的に選び取る性向が備わっていることを示す概念である．

　本書が扱っているチャイナ・インパクトは，中国の台頭をめぐる理解や評価，対応を扱う性格上，この選択的注意の影響を受けないわけにはいかない．各章の執筆者が扱っている事実が異なるのも，一部，執筆者の性向，とりわけ自身が得意とするディシプリンゆえの選択的注意の影響を認める必要がある．

　振り返ってみれば，外交や国際関係を専門にする研究者は二国間／多国間関係や安全保障に，中国研究を専門とする者は基本的に中国の「中」に，チャイナ・インパクトの重要な要素を見つけがちである．同じ日中関係を論じる際にも，日本から論じた場合と中国から論じた場合で異なるのは，それぞれの研究者が置かれた位置が異なり，その結果，研究者に映ずる姿が異なっているからだが——日本からは中国が，中国からは日本が，それぞれよく見え，その結果，相手の状況が日中関係に影響を与えていると結論づける傾向にある——，こうしたバイアスを取り除くには，二国間関係なり多国間関係を分節化し，こまかな分析をした後に比較し，一般化していく必要がある[1]．

　もっとも，こうした作業には膨大な時間がかかるし，何より今後の作業を進めるためにも，たたき台となる議論が必要となる．どのようなメカニズムによって中国の台頭がどのように評価されることになるのか．それが脅威や恐怖といった否定的・警戒的な感情や評価につながる場合は，どのような場合なのか．

---

1)　実際，こうした点に注目し，日中関係研究で議論されてきた対中関係の特徴がアジアの諸地域でも当てはまるかどうかを検討する研究プロジェクトが始まっている．その成果がまとまった段階で，再び本書における議論を振り返ってみる必要があるかもしれない．

これらの問いに答えるには，まずは各章で紹介された知見をまとめ，そこに見られる特徴を整理してみる必要がある．

各章における知見のまとめ

とりまとめにあたって，「はじめに」で提示した仮説を思い起こしたい．

我々はチャイナ・インパクトを規定する要因として経済，国際的環境，社会・文化の3つを想定していた．これらの要素が，台頭する中国への心理的反応や認識，具体的な対応を方向づけると考えていたのである．

本書で触れられている論点や事実はたくさんあるが，これらを，1. 事象が発生した国／地域，2. 中国の影響を肯定的／否定的に捉える契機となった状況や現象，3. その状況・現象が発生した時期，4. （筆者が明示的に記している場合には）こうした影響を認知している主な主体，5. 結果的に生まれている中国の影響に対する評価の5つの視点から，中国の台頭が喧伝されるようになった2000年前後の状況・現象に限定してまとめたものが表 終-1 であるが，これを上記の3つの要素に引きつけて解釈すると，以下のようになる．

(1) 経済的要因

各章における記述を眺めてみると，経済的要素は総じて肯定的な対応や評価を生み出しているようである（以下，カッコ内の数字は，表 終-1 の「状況・現象」に付された数字に対応する）．

ヴェトナムやタイでは国交正常化以降，経済交流の進展，とりわけ貿易の伸長が両国間関係をリードしてきたとされ，それがおおむね肯定的に受け止められている（9）．ところが他の国／地域では，2000年代になって中国が世界の工場として台

表 終-1　本書における主な知見

国／地域	状況・現象	時期	主体	評価
台湾	(1) 中国への経済的依存の強化	2002年以降	資本家	肯定的
	(2) 中国との通商政策の重視	2008-2016年		
	(3) 国内における収入の伸びの鈍化、失業・不平等の増加	2000年代以降	特に若者	否定的
	(4) 国内における民主化の進展	1980年代以降		
	(5) 台湾の国家的アイデンティティを強調する教育	2000-2008年		
	(6) 国際社会での中国による台湾の否定	——		
	(7) メディアにおける悪い中国イメージの流布	——		
ヴェトナム	(8) 社会主義イデオロギーの強調	1991-2002年	政府	肯定的
	(9) 中国との経済関係の強化	1991年以降		
	(10) アメリカの軍事的冒険主義	2001-2014年		
	(11) 中国による東南アジアでの魅力外交戦略	2003-2009年		肯定的かつ警戒的
	(12) 南シナ海における中国の行動	2005年以降		否定的
	(7) メディアにおける悪い中国イメージの流布	2011年以降	市民	否定的
フィリピン	(12) 南シナ海における中国の行動	2012-2015年	一般市民	総じて否定的
			経済関係者	政治と経済の分離を主張
			政府関係者	対抗的
			野党関係者	融和的
タイ	(13) 経済危機の際の中国の支援	1997-1998年	一般市民	肯定的
	(14) 孔子学院などの文化支援	2009年以降		否定的ではない
	(9) 中国との経済関係の強化	1985年以降	特に経済関係者	肯定的
	(15) 国内における華人の存在	——		
	(16) 軍事政権による国内支配	2014年以降	政府関係者	肯定的
	(17) 反体制派をめぐる警察などの連携強化			
マレーシア	(18) マレー系との政治的対立と「他者化」の経験	1950年代以降	華人系リーダー	肯定的
	(19) 脆弱な中国への記憶			
	(20) 中国との文化的アイデンティティの共有			
	(9) 中国との経済関係の強化	2000年以降		肯定的かつ警戒的
	(12) 南シナ海における中国の行動	2009年以降	一般市民	中立的?
	(21) 与党関係の強化	1993年以降	与党関係者	肯定的
	(22) 人権などの普遍的価値重視	2008年以降	特に若者	否定的
インドネシア	(13) 経済危機の際の中国の支援	1997-1998年	政府関係者	肯定的
	(15) 国内における華人の存在	——	華人系リーダー	肯定的
	(23) 中国による災害支援	2004, 2005年	一般市民	肯定的
	(9) 中国との経済関係の強化	2005年以降	一般市民	肯定的
	(24) 中国による低調な投資と貿易赤字の拡大			否定的
	(12) 南シナ海における中国の行動	2009年以降	特に軍関係者	否定的
	(25) アメリカの軍事的脅威	——		肯定的
オーストラリア	(9) 中国との経済関係の強化	2000年以降	一般市民	肯定的
	(26) 白豪主義的メンタリティの衰退	1980年代以降	一般市民	肯定的
	(27) 中国系移民の増加とその不動産購入	2000年以降	一般市民	肯定的かつ警戒的
	(28) 中国系移民の増加とその学校への流入			
	(29) 中国が共産党政権であることへの違和感	——	一般市民	警戒的
	(30) アメリカや日本との同盟関係の強調	2000年以降	政府関係者	警戒的

頭する時期になって，その効果が表れているとしている．マレーシアやインドネシア，オーストラリアでは，むしろ中国経済のプレゼンスが大きくなり，大きな経済取引相手（時に投資主として，また時に購買力をもった存在として）として立ち現れてくるといった表現がなされており，タイミングには若干のラグがある．

　もっとも，経済的な結びつきの強化が全面的に肯定されるかといえば，多くの留保条件がつく．

　台湾の場合，こうした経済的結びつきの強化は，与党と資本家の階級同盟によっては肯定的に捉えられていたとされるが(1)，別の言い方をすれば，階級的な位置によって異なった評価がされていたともいえる．事実，新自由主義的な経済政策によって中国との真正面からの競争を余儀なくされた台湾企業は，その雇用政策を展開せざるをえなくなる．その結果，国内における賃金の抑制，労働コストを削減するための海外（とりわけ中国）進出とそれに伴う国内雇用の低下，その帰結としての格差の拡大といった現象が生まれ，中国との経済的相互依存の負の効果として理解されている（3）．

　フィリピンでは，他国に比べて経済的相互依存が進んでいないためか，経済的な関係が二国間関係の基軸になっているといった記述になっていない．後述する南シナ海での中国の行動に対応する際に，経済的な結びつきをもつ実業界から「経済と政治を切り離せ」といったメッセージが出ている程度で，フィリピンにおけるチャイナ・インパクトを考える際の大きな要因とは捉えられていない．

　タイやインドネシアでは，思ったほどに投資が進んでいないといった指摘もなされ，特にインドネシアの場合には，活発化している貿易もインドネシア側の大幅赤字になっていることか

ら，国内での不満が高まっているという（24）．オーストラリアでは，中国からの移民の増大も相まって不動産取得が活発に行われるようになり，これが現地での警戒感を生んでいるとされる（27）．経済的な取引の増加も，純粋な経済行為を超えたものとして理解されると，中国の脅威として認知されることになるというわけである．マレーシアの華人系経営者も，中国との経済取引の増加が多くの挑戦を生み出しうることを指摘しており，中国の競合他社と競い合えるだけの基礎体力がないことには飲み込まれる可能性を強調する．

　次の国際的環境とも部分的に関係するが，興味深いことに，1997年や2008年の経済危機の際にIMFなど西側の対応が冷たかったのに対して，中国の経済支援策が寛大だったことが対中イメージを向上させることになったとする指摘がタイとインドネシアでなされている（13）．本書には収録されていない韓国でも，同様の理由から，特に財界の対中認識が好転し，中国への投資を加速させることになったといった事実があるが（園田・蕭，2016: 98），中国が巨額な貿易黒字を利他的行為に利用した場合には，対中イメージも改善するようである．

(2) 国際的環境要因

　チャイナ・インパクトを考える際に決定的に重要なのが，依然として中国が共産主義を標榜しており，アメリカを中心とした同盟諸国との顕在的・潜在的な対立を有している点である．

　表 終-1では時期的な違いから触れられていないが，中国が改革・開放を始める以前にあっては，革命輸出をすべくタイやマレーシア，インドネシアにおける華人系の共産勢力と結託していた．これが反共を掲げる政府の警戒感や猜疑心を強めていたが――ASEANが反共を掲げる国家間の連携を目的に設立さ

れたことを想起されたい——，中国側の路線変更によって対中認識の「雪解け」が始まる．序章で指摘したように，これらの国ぐにで比較的対中認識が比較的良好であるが，このような特徴は，冷戦構造の変化といったマクロな構造変化と無関係ではない．逆に，社会主義というイデオロギーで結びついていたヴェトナムが（8），中国側の路線変更によって，上記の3つの国ぐにと異なる心理的対応をしていくようになっていくのは逆説的でさえある．

　アメリカとの関係は，予想通り，対中認識に陰に陽に影響を与えていた．

　ヴェトナムでは2001年から顕著になるアメリカの軍事的冒険主義が，結果的に中国への傾斜をもたらすようになったという（10）．また2014年に誕生したタイの軍事政権の場合，アメリカからの承認が得られないばかりに中国寄りになったとされる（16）．インドネシアでは，特に軍関係者の中で，アメリカの軍事的脅威が対中認識を肯定する力を生み出しており（25），オーストラリアでは，アメリカや日本との同盟関係が強調されればされるほど，中国に警戒的な姿勢が生まれるとされる（30）．これらの事例はいずれも，中国がアメリカと対置され，米中間の覇権争いという文脈からチャイナ・インパクトが理解されやすいことを示唆している．

　共産主義への恐怖は後退したものの，海洋主権を強く主張し，南シナ海で強引な行動をするようになった中国に対しては，おしなべて否定的・警戒的な対応がなされている（12）．本章に収録されたASEAN諸国では，タイで唯一，この点への言及がなされていないが，ヴェトナムやフィリピンでは，この海洋主権をめぐる中国側の姿勢が中国との二国間関係で大きな位置を占めている．

終章　チャイナ・インパクトの作動メカニズム　229

インドネシアでは，災害支援の際の援助が対中イメージを向上させる原因となったとされているが（23），経済危機時の経済支援も含め，中国が利他的行為を行った際には対中感情が改善し，領有権の主張を含む利己的行為を行った際には対中感情が悪化している．台湾では，国際社会における中国による台湾の否定が，特に若者に悪い対中イメージを抱かせる原因となっており（6），ヴェトナムでは，2003 年以降，中国が魅力外交戦略をとるようになったことが，自国における対中認識を改善させることになったとされるが（11），このように中国との二国間で作り上げられる国際的環境も，チャイナ・インパクトを論じるにあたって重要であることが，これらの事実からも確認される．

現在，日本政府も，中国との対立を強く意識しつつ東南アジアへの魅力外交戦略をとっているが[2]，国際的環境の文脈で日本が触れられているのはタイとインドネシア，オーストラリアである．オーストラリアでは，日本もアメリカの同盟国と見なされているため，日本びいきが中国嫌いを生み出すようだが，タイやインドネシアでは異なる．タイの軍事政権は，自国の経済成長を促す存在として日本を眺めており，そこに中国との対立軸は存在しない．インドネシアは大国の一国支配を許さない方針にあって，日本は中国やインド，アメリカなどと相互牽制

---

[2] こうした傾向は，日本ばかりに見られるものではない．台湾の蔡英文政権は「新南向政策」を進め，東南アジアにおける台湾のプレゼンスを高めようとしているし，韓国の文在寅政権も「北東アジアプラス責任共同体」構想を打ち出し，東南アジアやインドも含めた協力関係を謳っている．その効果を判断するには時期尚早だが，こうした競争の存在が，各国の東南アジアへのコミットメントを加速している側面を見逃すべきではない．

の駒の一部と見なされている.

チャイナ・インパクトを考える際の日本のインパクトは,対象となる地域によって,その影響力や効果が異なっているようである.

(3) 社会・文化的要因

最後に社会・文化的要因を見てみよう.

序章では,中国の経済成長によって中国から海外への人の移動が加速するようになったとしたが,チャイナ・インパクトを考えるにあたって,それ以前に受け入れ国に移民していたオールド・カマーの存在は決定的に重要である.

タイやマレーシア,インドネシアでは,華人,とりわけ財力をもち政界とのコネをもつ人びとが国交正常化や二国間関係で重要な役割を果たしているとされる (15).中でも興味深いのがマレーシアで,同国の華人コミュニティを動かしているシニア世代は,戦前・戦中期の弱い中国への記憶をもち,強い中国の台頭をほぼ手放しに歓迎しているという (19).彼らは中国への文化的アイデンティティをもち,華語教育を強力に推進する (20).民主化を弾圧する中国に対しても同調的なのは,その強い文化的アイデンティティゆえだとされるが,これはチャイナ・インパクトを肯定的に理解する環境を生み出す.

ところが事情はもっと複雑だ.

マレーシアでこうした現象が見られるのは,マレーシア内でマレー系と中国系の民族関係の中で,絶えず「他者化」の心理メカニズムが働いてきたからであり (18),国内における民族間の関係いかんによっては,こうした強い肯定感を生み出さない可能性がある.オーストラリアでは,白豪主義的メンタリティの衰退によって中国への恐怖が和らいだとされるが

終章 チャイナ・インパクトの作動メカニズム 231

(26)，この白豪主義自身，大量に流入する中国系移民への対抗として生まれた歴史的経緯を考えると，国内における民族間の関係がチャイナ・インパクトに影響を与えていると理解する方がよいだろう．オーストラリアの旧移民の中に，新しい中国系移民の波や，中国の共産政治・外交政策を批判的に見る傾向が強いとされているのも，単に華人系であることが肯定的な対中認識を生み出す十分条件となっていないことを示している．特に，不動産や高等教育へのアクセスといった有限な資源をめぐった争いが生じつつある場合には，そうである（27）（28）．

　しかも台湾やマレーシアの事例は，同じ中国系でも世代によって異なるアイデンティティが形成され，文化的には中国との結びつきを感じつつも，政治的には距離をとる心理メカニズムが進んでいることを示している．台湾の場合，台湾人アイデンティティを強調する教育が導入されたことが，若者の中国離れを作った原因であるとされ（5），マレーシアの場合には，人権などの普遍的価値を重視する傾向が若者の厳しい対中姿勢を作る原因になっているとされる（22）．台湾の場合には，階級の問題も言及されているが，同じ中国系でも，彼らを凝集させ離反させる価値がどのようなものか，彼らの間に利益がどのように配分されているかが異なると，台頭中国への対応も自然と異なることになる．

　孔子学院などの文化支援が対中イメージをよくしていると報告されているのは，唯一タイだが（14），これもタイに華人が多いという以上に，そうした支援策が実際に受益者を生み，彼らが中国の利他的行為を評価するからである．社会・文化的要素も，経済や国際的環境などと複雑に絡みあっているのである．

（4）その他の要因——政治とメディア

　表 終-1 に取り上げられている状況・現象は 30 あるが，以上の 3 つの要素に引きつけて理解できたのが 24．残り 6 つは，（2）中国との通商政策の重視（台湾），（4）国内における民主化の進展（台湾），（7）メディアにおける悪い中国イメージの流布（台湾とヴェトナム），（17）反体制派をめぐる警察などの連携強化（タイ），（21）与党間連携の強化（マレーシア），（29）中国が共産党政権であることへの違和感（オーストラリア）であり，これらはすべて「政治とメディア」として一括することができる．

　総じて民主国家は，共産国家としての中国への警戒感を抱きやすい．この点は国際的環境をめぐる際にも指摘したが，これはアメリカとの同盟関係という外交面にとどまらない．人権や言論の自由といった普遍的価値をどう捉えるかといった問題が，内面的な価値の問題にとどまらず，政治制度や法制度の設計にも強い影響を与えている．逆に，これを軽視する体制（軍事独裁であれ，開発独裁であれ）にあっては，その他の条件が同じならば，そうでない体制に比べて中国に対する評価が高くなりやすい．

　これが市民の意識レベルにまで落ちるかどうかは，メディアの果たす役割が大きい．ヴェトナムは政治体制という点では，本書が扱った国／地域の中でもっとも中国に近い．ところが，2011 年の反中デモがそうであったように，メディアで中国悪者論が喧伝され，自国が傲慢な中国に痛めつけられているとされるフレームが出来上がると，人びとの嫌中／反中意識が喚起され，ナショナリズム感情が強化されることになった．対中イメージがよいとはいえない台湾やフィリピンでも似た現象が見られるが，これには 2000 年以降爆発的に広がったインター

終章　チャイナ・インパクトの作動メカニズム　233

ネットの果たす役割が大きい.

外交や経済政策を含め，各国がどのような対中政策をとるかは，政治体制ばかりか，人びとの感情や意識も陰に陽に影響を与える．政治とメディアは，このプロジェクトを始める前に我々編者がうすうす感じつつも，そこまで思い至らなかった要素である.

政治とメディアは，チャイナ・インパクトばかりか，そもそも中国側が国際社会や個々の国家／地域へのアプローチを理解する際にも重要だろう．序章で触れたように，中国と周辺国とでは「中国は世界の秩序を脅かしつつある」や「中国は興隆しているがアジア各国との関係を平和的に保つだろう」とする文言への反応で大きな違いが見られるが，これも政治とメディアをめぐる中国内外の違いによって首尾よく説明できるだろう.

日本におけるチャイナ・インパクト

紙面も尽きた．最後に，本書における知見がもたらす，日本におけるチャイナ・インパクトを理解する際のインプリケーションに触れておきたい.

序章でも触れた『日中関係史 1972-2012 Ⅰ-Ⅳ』（東京大学出版会）は，日中国交正常化以降の 40 年の歴史を振り返り，そこに見られた日中間の交渉とその帰結について，政治，経済，社会・文化の 3 つの視点から分析を加えたものである（後に民間を含めて 4 つとなる）．時期的に中国の台頭が語られる以前も含んでいることから，本書のスコープとは必ずしも一致しないが，そこでは上記の 3 つの視点が日中関係を把握する際に重要であることが前提とされていた.

後に我々は，日中間の「経済的利益」「国際環境及び安全保

障への関心」「相手に対する感情や認識」「国内政治」の４つ
の領域から日中関係を分析すべきではないかとして，四領域モ
デルを提示するに至るが（園田，2014: 256），これは本書でい
うところの，経済，国際的環境，社会・文化，政治とメディア
に，ほぼ対応する．

　実際，本書の知見の多くは日本におけるチャイナ・インパク
トを理解する際に役に立つものが多い．経済的利益の増加は，
財界を中心に歓迎される傾向があり，アメリカとの同盟関係や
尖閣諸島をめぐる領有権争いは，対中イメージを悪くする傾向
に繋がる．民主主義国家であるがゆえの共産中国への違和感は
中国悪者論に繋がりやすく，メディアもこれを煽る傾向にある．

　もっとも，チャイナ・インパクトをめぐっては，本書におけ
る各章での指摘ではカバーできない日本独自の事情も浮かびあ
がってくる．

　第一に，中国の台頭が語られる前にはアジア NIEs の奇跡が
語られ，その前には日本の高度成長が世界の注目を浴びていた
歴史がある．そのため，どうしても日本は中国を一段劣ったも
のと見なしやすく，日中間の関係性の変容に敏感に反応しやす
い．自分たちが国際社会で築き上げてきた地位が，中国によっ
て脅かされていると感じやすいのである．こうした特徴は，程
度の差こそあれ台湾やオーストラリアでも見られるようだが，
中国との関係性の変化は，日本でより激烈に感じられているよ
うに思える．

　その象徴的な例が，中国崩壊論の受け入れをめぐる温度差の
存在である．日本の論壇では中国崩壊論が形を変えて出てきて
は，多くの読者を獲得してきた．崩壊する原因については，経
済のクラッシュや共産党内での闘争，共産党支配に対して反発
する人びとの反乱や失望など，筆者によってさまざまだが，こ

終章　チャイナ・インパクトの作動メカニズム　235

うした議論は，日本や一部アメリカ，インドを除き，さほど耳目を集めていない．中国に隣接する大国であるがゆえに感じる「何か」が——そして，この「何か」が中国との関係性の変容に敏感に反応しているために——，中国崩壊論が受け入れられやすい環境が出来上がっているというのが筆者の仮説だが，本書に収録された7つの国／地域で，中国崩壊論が力をもっているところがないのは示唆的である．

　第二に，チャイナ・インパクトに果たす中国系住民の果たす役割について，日本ではほとんど議論されていない．

　改革・開放以降，日本への中国からの移住者は一貫して増え続け，2016年末現在で中華人民共和国のパスポートをもつ中国系住民は70万人弱[3]．日本に住む在留外国人全体の29%強を占める．これに日本に帰化した，いわゆる華人を含めると相当な数に達する．

　筆者が勤務する東京大学にも，1980年代以降日本にやってきた，いわゆるニュー・カマーの2世が多く入学するようになってきており，これから2, 30年の間に，彼らも着実に日本社会の枢要なポジションに就いていくはずである．では，彼らの親の世代を含めた中国系市民は，日本におけるチャイナ・インパクトにどのように関わってきたのか．そこに他国の中国系市民とのどのような異同が見られるのか．20世紀に見られた辛亥革命や社会主義革命の種は，日本にやってきた中国からの留学生などによって蒔かれ，育てられたが，同じようなことが現在起こっているといえるか．起こっていないとすれば，それはどのような理由によるのか[4]．

---

3)　http://www.moj.go.jp/housei/toukei/toukei_ichiran_touroku.html

4)　こうした問いをもとにした拙文に園田（2017）がある．

チャイナ・インパクトをめぐる問いは尽きない.

参考文献

Almuttaqi, A. Ibrahim and Muhamad Arif, 2016, "Regional Implications of Indonesia-China Ambivalent Relations," *The Indonesian Quarterly* 44 (2): 92–108.

Anwar, Dewi Fortuna, 1990, "Indonesia's Relations with China and Japan: Images, Perception and Realities," *Contemporary Southeast Asia* 12 (3): 225–246.

Art, David, 2011, *Art Inside the Radical Right: The Development of Anti-Immigrant Parties in Western Europe*, Cambridge: Cambridge University Press.

Australian Government, Department of Immigration and Border Protection, 2013, *Net Overseas Migration*, March 31.

Baca, Sebastian Mantilla, 2015, ed., *La expansion de China en America Latina*, Quito, Ecuador: Centro Latinamericano de Estudios Politicos.

Baker, Chris 2003, "An Internal History of the Communist Party of Thailand," *Journal of Contemporary Asia* 33 (4): 510–541.

Baker, Chris and Pasuk Phongpaichit, 2005, *A History of Thailand*. Cambridge: Cambridge University Press.

Bentley, Scott, 2014, "Vietnam and China: A Dangerous Incident," *The Diplomat*, February 12.
http://thediplomat.com/2014/02/vietnam-and-china-a-dangerous-

incident/

Bloomfield, Alan, 2015, "To Balance or Bandwagon? Adjusting to China's Rise during Australia's Rudd-Gillard Era," *The Pacific Review*, March 2015.

Blumenthal, Dan and William Inboden, 2015, "Toward a Free and Democratic China Overhauling U.S. Strategy in Asia," *The Weekly Standard*, May 18.

Brawley, Sean, 1997, *The White Peril: Foreign Relations and Asian Immigration*, Sydney: UNSW Press.

Breckon, Lyall, 2004, "China-Southeast Asian Relations: A new Strategic Partnership is Declared," *Comparative Connections* 5 (4): 79–88.
http://csis.org/files/media/csis/pubs/0304qchina_seasia.pdf

Brown, Greg, 2015, "Chinese to Spend $60bn on Housing," *The Australian*, May 7.

Cai, Kevin G., 2003, "The ASEAN-China Free Trade Agreement and East Asian Regional Grouping," *Contemporary Southeast Asia*, 25 (3): 387–404.

Callahan, William A., 2010, *China: The Pessoptimist Nation*, Oxford: Oxford University Press.

Chalongphob, Sussangkarn, 2010, "The Chiang Mai Initiative Multilateralization: Origin, Development and Outlook," Manila: Asian Development Bank Institute Working Paper Series No. 230.

Chan, Gabrielle, 2014, "Cabinet Papers 1988–89: Bob Hawke acted alone in offering Asylum to Chinese Students," *The Guardian*, December 31.

Chan, Yuk Wan, 2013, *Vietnamese-Chinese Relationships at the Borderland: Trade, Tourism and Cultural Politics*, New York: Routledge.

Chandra, Alexandra C. and. Lucky A. Lontoh, 2011, "Indonesia-China Trade Relations: The Deepening of Economic Integration amid Uncertainty?," *Trade Knowledge Network*.
http://www20.iadb.org/intal/catalogo/PE/2012/09603.pdf

Cheng, Joseph Y. S., 2011, "Sino-Vietnamese Relations in the Early Twentieth-first Century," *Asian Survey* 51 (2):379–405.

Choi, Chin Yan, 1975, *Chinese Migration and Settlement in Australia*, Sydney: Sydney University Press.

Co, Tran Quang, 2003, *Hoi uc va Suy nghi*, [*Memoir and Reflection*]
http://tailieu.vn/doc/hoi-ucva-suy-nghi-tran-quang-co-560316.html

Cochran, Sherman, 2000, *Encountering Chinese Networks*, Berkeley: University of California Press.

Cotton, James, 2014, "Barwick, Hasluck and the Management of Foreign Policy towards Northeast Asia: the Limits of Australian 'Realism' in Melissa Conley Tyler", in Robbins, John and Adrian March, ed., *Ministers for Foreign Affairs 1960–1972*, Australian Institute of International Affairs.

Cotton, James, and John Ravenhill, 2013, "Middle Power Dreaming: Australian Foreign Policy during the Rudd-Gillard Governments," in Cotton, James and John Ravenhill, ed., *Middle Power Dreaming*, Oxford: Oxford University Press.

CPT, 1978, *The Road to Victory: Documents from the Communist Party of Thailand*, Chicago: Liberator Press.

Cronin, Katharyn, 1982, *Colonial Casualties: Chinese in Early Victoria*, Melbourne: Melbourne University Press.

Curthoys, Andrew and Andrew Markus, ed., 1978, *Who are Enemies? Racism and the Australian Working Class*, Sydney: Hale & Iremonger.

Department of Defence, 2009, *A Defence Force for the 21st Century*, Commonwealth of Australia, Canberra.

Department of Defence, 2013, *Defending Australia and its National Interests*, Commonwealth of Australia, Canberra.

Department of Foreign Affairs and Trade, 1997, *In the National Interest*, Commonwealth of Australia, Canberra.

Department of Foreign Affairs and Trade, 2003, *Advancing the National Interest*, Commonwealth of Australia, Canberra.

Dosch, Jörn, 2006, "Vietnam's ASEAN Membership Revisited: Golden Opportunity Or Golden Cage?" *Contemporary Southeast Asia: A Journal of International and Strategic Affairs* 28 (2): 234–258.

Faure, David, 2006, *China and Capitalism: A History of Business Enterprise in Modern China*, Hong Kong: Hong Kong University Press.

Fitriani, Evi, 2014, *Observing Asia-Europe Meeting from Southeast Asia: State's Interests and Institution's Longevity*. Singapore: IS-EAS.

Fitzgerald, John, 2007, *Big White Lie: Chinese Australians in White Australia*, Sydney: University of New South Wales Press.

FitzGerald, Stephen, 2015, "An Independent Foreign Policy Requires Our Leaders to Take on Fear of the US and China," *Sydney Morning Herald*, May 11.

Fravel, M. Taylor, 2011, "China's Strategy in the South China Sea," *Contemporary Southeast Asia* 33 (2):292–319.

Ganter, Regina, 2006, *Mixed Relations*, Crawley, Western Australia: University of Western Australia Press.

Garnaut, John, 2013, "Why the World is Reading Gillard's Defence White Paper," *Sydney Morning Herald*, May 10.

Garnaut, John, 2015, "'Fear and Greed' Drives Australia's China Policy, Tony Abbott Tells Angela Merkel," *Sydney Morning Herald*, April 16.

Gilbert, Mark, 2011, *European Integration*, Lanham, ML: Rowman and Littlefield.

Gill, Bates, Evelyn Goh and Chin-Hao Huang, 2016, *The Dynamics of US-China-Southeast Asia Relations*, Sydney: The United States Studies Center at the University of Sydney.

Gindarsih, Iis and Adhi Priamarizki, 2015, "Indonesia's Maritime Doctrine and Security Concerns," *Policy Report*, S. Rajaratnam's School of International Studies (RSIS), Nanyang Technological University
http://www.rsis.edu.sg/wp-content/uploads/201

Giroux, Henry, 2009, *Youth in a Suspect Society: Democracy or Disposability?*, London: Palgrave Macmillan.

Goh, Evelyn, 2007/2008, "Great Powers and Hierarchical Order in Southeast Asia: Analyzing Regional Security Strategies," *International Security* 32 (4): 113–157.

Goh, Evelyn, 2012, "The United States in Asia: Reflections on Deterrence, Alliances, and the 'Balance' of Power," *International Relations of the Asia-Pacific* 12 (3): 511–518.

Goh, Evelyn, 2013, *The Struggle for Order: Hegemony, Hierarchy, and Transition in Post-Cold War East Asia*, New York: Oxford University Press.

Goh, Evelyn, ed., 2016, *Rising China's Influence in Developing Asia*, New York: Oxford University Press.

Goodman, David S. G., 2006, "Mao and the *Da Vinci Code*: Narrative, Conspiracy, and History," *The Pacific Review* 19 (3):359–384.

Goodman, David S. G., 2017, "Australia and the China Threat:

managing ambiguity," *The Pacific Review* 30 (5): 769-782.

Gottliebsen, Robert, 2015, "A Chinese Exodus will Decimate Our Property Market," *The Australian*, May 5.

Government of Western Australia, State Treasury, 2014, *The Structure of the Western Australian Economy 2014*, Perth.

Grant, Bligh, ed., 1997, *Pauline Hanson: One Nation and Australian Politics*, Lebanon, NH: University of New England Press.

Ha, Thi Hong Van and Do Tien Sam, 2009, "Vietnam-China Trade, FDI and ODA Relations and Impacts upon Vietnam," in Mitsushiro Kagami, ed., *A China-Japan Comparison of Economic Relationships with the Mekong River Basin Countries*, Chiba: Japan Institute of Developing Economies.
http://www.ide.go.jp/library/English/Publish/Download/Brc/pdf/01_vietnamandchina.pdf

Hadi, Syamsul, 2012, "Indonesia, ASEAN, and the Rise of China: Indonesia in the Midst of East Asia's Dynamics in the Post-Global Crisis World," *International Journal of China Studies* 3 (2): 151 -166.

Hai, Do Thanh, 2017, "Vietnam: riding the Chinese tide," *The Pacific Review*, DOI: 10.1080109512748.2017.1377282.

Halloran, Richard, 1998, "China's Decisive Role in the Asian Financial Crisis," *Global Beat Issue Brief* 24, January 27.
https://www.bu.edu/globalbeat/pubs/ib24.html

Hamilton-Hart, Natasha and Dave McRae, 2015, *Indonesia: Bal-*

ancing the United States and China, Aiming for Independence, Sydney: The United States Studies Center at the University of Sydney.

Harder, Agnes, 1900, *Wider den Gelben Drachen: Abenteuer und Fahrten zweier deutscher Jünglinge im Lande der Boxer*, Bielefeld and Leipzi: Verlag von Velhagen & Klasing.

Hartcher, Peter, 2015, "World Reluctant to Point Finger at China's Encroachment on Strategic Islands," *Sydney Morning Herald*, May 5.

Harvey, David, 2007, "Neoliberalism as Creative Destruction," *The ANNALS of the American Academy of Political and Social Science* 610: 21–44.

Hasham, Nicole, 2015, "China May Seek to Hack Electronic Votes," *Sydney Morning Herald*, March 2.

Hewison, Kevin, 1989, "Bankers and Bureaucrats: Capital and State in Thailand," Yale University Southeast Asian Monographs, No. 34.

Hewison, Kevin, 2018, "Thailand: an old friendship renewed," *The pacific Review* 31 (1): 116–130.

Higgins, Ean, 2015, "NSW Election: Foley suggests Power Sell-off could pose Security Risk," *The Australian*, March 25.

Higgins, Paul, 2014, "Grey Money from China Helps Blow our Property Bubble," *Sydney Morning Herald*, September 29.

Horne, Donald, 2000, *Billy Hughes: Prime Minister of Australia 1915–1923*, Melbourne: Black Inc.

Hume, Neil, 2013, "Australia's Coal Miners Feel the Heat as Chinese Investment Cools," *Financial Times*, August 6.

Hurst, Daniel, Katherine Murphy and Tania Branigan, 2014,"Tony Abbott Lauds Xi Jingping's 'Commitment to Fully Democratic China'", *The Guardian*, November 17.

Ingram, Tess, 2014, "Mining Missing Out on China's money," *Australian Financial Review*, August 25.

Jacques, Martin, 2012, *When China Rules the World: The Rise of the Middle Kingdom and the End of the Western World*, London: Penguin Books.

Kang, David C., 2007, *China Rising: Peace, Power, and Order in East Asia*, New York: Columbia University Press.

Keng, Shu and Gunter Schubert, 2010, "Agents of Taiwan-China Unification?: The Political Roles of Taiwanese Business People in the Process of Cross-Strait Integration," *Asian Survey* 50 (2): 287–310.

Keng, Shu, Jia-Wei Liu and Lu-Huei Chen, 2009, "Between Principle and Pragmatism: The Unification-Independence Choice of the Taiwanese People," *Taiwan Political Science Review* 13 (2): 3–56.

Kenny, Mark and Phillip Wen, 2013, "Tony Abbott Refuses to Back Down over China Comments," *Sydney Morning Herald*, November 28.

Kivimäki, Timo, 2011, "East Asian relative peace and the ASEAN Way," *International Relations of the Asia-Pacific* 11 (1): 57–85.

Knoll, Arthur J. and Lewis H. Gann, ed., 1987, *Germans in the Tropics: Essays in German Colonial History*, New York, Greenwood Press.

Krüger, Karl, 2001, *Von Potsdam nach Tsingtau*, Bremerhaven: Jürgen Krüger.

Kurlantizick, Joshua, 2006, "China's Charm Offensive in Southeast Asia," *Current History* 105 (692): 270–276.

Lalisang, Yeremia, 2016, "Indonesians' Perceptions of China," *The Indonesian Quarterly* 44 (2): 131–165.

Laurenceson, James, 2015, "Why We Shouldn't be So Worried about China Buying the Farm," *Business Spectator*, April 24.

Lee, John, 2014, "A Reality Check for the Australia-China FTA," *The Diplomat*, November 18.

Leng, Tse-kang, 1995, "State, Business, an Economic Interaction across the Taiwan Strait," *Issues and Studies* 1 (11): 40–58.

Lennox, Sara and Susanne Zantop, 1998, *The Imperialist Imagination: German Colonialism and Its Legacy*, An Arbor, MI: University of Michigan Press.

Leon, Donna, 2015, *Falling in Love*, London: William Heinemann.

Liao, Da-chi, Boyu Chen and Chi-chen Huang, 2013, "The Decline of 'Chinese Identity' in Taiwan?!: An Analysis of Survey Data from 1992 to 2012," *East Asia* 30: 273–290.

Ly, Dinh Xuan, 2013, *Qua trinh doi moi duong loi doi ngoai va hoi nhap quoc te cua Viet Nam* [*Innovating Vietnam's foreign policy and international integration*], Hanoi: Vietnam National University Press.

Macken, Lucy and Phillip Wen, 2015a, "Treasurer Joe Hockey Announces Forced Sale of Point Piper Mansion Villa del Mare," *Sydney Morning Herald*, March 3.

Macken, Lucy and Philip Wen, 2015b, "Foreign Buyers in Spotlight as Government Cracks Down on Illegal Property Purchases," *Sydney Morning Herald*, March 7.

Maddison, Angus, 2007, *Chinese Economic Performance in the Long Run* (2nd edition), Paris: OECD.

Mannheim, Karl, 1952 (posthumously), *Essays on the Sociology of Knowledge* (translated from German and edited by Paul Kecskemeti), New York: Oxford University Press.

Markus, Andrews, 1979, *Fear and Hatred: Purifying Australia and California 1850–1901*, Sydney: Hale and Iremonger.

McDowall, Campbell Roy, 2009, *Howard's Long March: The Strategic Depiction of China in Howard Government Policy, 1996–2006,* Canberra: ANU Press.

Meyer, Eric, 2015, "Thailand Turns to a Tried and Trusted Recipe in Dealing with China," *Forbes*, February 23.

Needham, Kirsty, 2015, "Liberal Damien Tudehope Calls for Stamp Duty Surcharge for Foreign Buyers," *Sydney Morning Herald*, May 10.

Nguyen, Phuong and B. Billingsley, 2013, "China's Growing Military-to-Military Engagement with Thailand & Myanmar," CSIS/cogit ASIA blog, September 12
https://www.cogitasia.com/chinas-growing-military-to-military-engagement-with-thailand-and-myanmar/

Nicholls, Sean, 2015, "Unions Target Chinese Government Ownership of NSE Electricity," *Sydney Morning Herald*, March 24.

Nicholls, Stephen, 2015a, "For a Taste of the Real Chinatown, Try Heading Southwest of the City," *Sydney Morning Herald*, February 19.

Nicholls, Stephen, 2015b, "Chinese Influence Rampant in Market," *Sydney Morning Herald*, February 19.

Novotny, Daniel, 2010, *Torn between America and China: Elite Perceptions and Indonesian Foreign Policy*, Singapore: ISEAS.

Nyiri, Pal and Danielle Tan, eds., 2017, *Chinese Encounters in Southeast Asia: How People, Money, and Ideas from China are Changing a Region*, Seattle and London: University of Washington Press.

Pansak, Vinyaratn, 1971, "Thailand's Dilemma," *Sangkhomsat*

Parithat, 8 (9): 106-107.

Pavin, Chachavalpongpun, 2016, "The Dilemma Confronting the U.S.-Thailand Relationship," *NBR Analysis Brief*, April 20.

Porphant, Ouyyanont and Yoshihiro Tsubouchi, 2001, "Aspects of the Place and Role of the Chinese in Late Nineteenth Century Bangkok," *Southeast Asian Studies* 39 (3): 384-397.

Price, Charles, 1974, *The Great White Walls are Built: Restrictive Immigration to North America and Australasia*, Canberra: ANU Press.

Purba, Martina Angelika, 2012, "The Rise of China Economic Power: China Growing Importance to Indonesian Economy," in Institute of Social Science ed., *International Development Study*, The Hague: Institute of Social Science.
https://thesis.eur.nl/pub/11066/

Ramses, Amer and Ngyuyen Hong Thao, 2005, "The Management of Vietnam's Border Disputes: What Impact on Its Sovereignty and Regional Integration?," *Contemporary Southeast Asia: A Journal of International and Strategic Affairs* 27 (3): 429-452.

Reid, Ben, 2016, "China's 'South-South' Trade: Unequal Exchange and Uneven and Combined Development," *Analytical Gains of Geopolitical Economy* 30B: 161-189.

Riemens, Patrice, 2008, "Australia's PM Kevin Rudd ('Lu Kewen') makes a splash in China on Tibet," *Nettime*, April 21.

Rolls, Eric, 1992, *Sojourners: The Epic Story of China's Centu-*

ries-Old Relationship with Australia, Sydney: University of Queensland Press.

Rolls, Eric, 1996, *Citizens: Flowers and the Wild Sea*, Sydney: University of Queensland Press.

Rotherford, Johnathan and Sally Davison, eds., 2012, *The Neo-liberal Crisis*, London: Lawrance Wishart.

Ruji, Auethavornpipat, 2014, "Revealing China's Hegemonic Project in Thailand: How the Confucius Institute Furthers the Chinese State's Ambitions," 12th International Conference on Thai Studies, University of Sydney, April 22–24.

Sheehan, Paul, 2014, "Grey Money from China Helps Blow Our Property Bubble," *Sydney Morning Herald*, September 29.

Sheridan, Greg, 2015, "B-1 Supersonic Bombers Will Be Coming to the North After All," *The Australian*, May 22.

Skinner, G. William, 1957, *Chinese Society in Thailand*, Ithaca: Cornell University Press.

Soebagjo, Natalia and Rene Pattiradjawane, 2015, "Global Maritime Axis: Indonesia, China, and a New Approach to Southeast Asian Regional Resilience," *International Journal of China Studies* 6 (2): 175–185.

Stokes, Geoffrey, 2000, *The Rise and Fall of One Nation*, St. Lucia, Queensland: University of Queensland Press.

Storey, Ian, 2009, "China and Indonesia: Military-security Ties

Fail to Gain Momentumn," *China Brief* 9 (4): 6–9.

Storey, Ian, 2011, *ASEAN and the Rise of China: The Search for Security*, New York: Routledge.

Storey, Ian, 2015, *Thailand's Post-Coup Relations with China and America: More Beijing, Less Washington.* Singapore: ISEAS, Trends in Southeast Asia 20.

Sukma, Rizal, 2009, "Indonesia-China Relations: The Politics of Re-engagement," *Asian Survey* 49 (4): 591–608.

Supriyanto, Ristian Atriandi, 2016, "Breaking the Silence: Indonesia Vs. China in the Natuna Islands," *The Diplomat*, March 23.
http://thediplomat.com/2016/03/breaking-the-silence-indonesia-vs-china-in-the-natuna-islands/

Suryadinata, Leo, 1990, "Indonesia-China Relations: A Recent Breakthrough," *Asian Survey* 30 (7): 682–696.

Tavan, Gwenda, 2005, *The Long, Slow Death of White Australia*, Melbourne: Scribe.

Terwiel, Barend Jan, 2005, *Thailand's Political History*, Bangkok: River Books.

Thayer, Carlyle, A., 1994a," Sino-Vietnamese Relations: The Interplay of Ideology and National Interest," *Asian Survey* 34 (6):516–517.

Thayer, Carlyle A., 1994b, "Vietnam: Coping with China," *Southeast Asian Affairs* 21: 351–367.

Thayer, Carlyle A., 2008, "Upholding State Sovereignty through Global Integration: Remaking of Vietnamese National Security Policy," Paper presented at the Workshop on Vietnam, East Asia and Beyond, Hong Kong.

Thitinan, Pongsudhirak, 2016, "Between Authoritarianism and Democracy," *Bangkok Post*, January 22.

Tjhin, Christine Susanna, 2012, "Indonesia's Relations with China: Productive and Pragmatic, but not yet a Strategic Partner," *China Report* 48 (3): 303–315.

Toohey, Brian, 2010, "Rudd's Risky Fear of Beijing Bastards," *Eureka*, June 3.

Viviani, Nancy, ed., 1992, *The Abolition of the White Australia Policy*, Brisbane: Centre for the Study of Australia-Asia Relations.

V.N., 1959, "Trade Expansion of Communist China," *Nangsuphim hokan kha thai* 13 (3): 85–86.

Wade, Robert, 1990, *Governing the Market: Economic Theory and the Role of Government in East Asia*, Princeton, NJ: Princeton University Press.

Wang, Jenn Hwan, 2001, "Governance of a Cross-border Economic Region: Taiwan and Southern China," in G. Drover, G. Johnson and J. Tao eds., *Sub-regionalism in China and East Asia*, Commack: Nova Science Publishers (in press).

Wang, Jenn Hwan, 2004, "World City Formation, Geopolitics, and Local Political Process: Taipei's Ambiguous Development," *International Journal of Urban and Regional Research* 28 (2): 384–400.

Wang, Jenn Hwan and Chuan-Kai Lee, 2007, "Global Production Networks and Local Institution Building: The Development of the Information-technology Industry in Suzhou, China," *Environment and Planning A* 39 (8): 1873–1888.

Wang, Jenn Hwan, ed., 2014, *Border Crossing in Greater China: Production, Community and Identity*, London: Routledge.

Waterhouse, Charles, 2015, "Who's a Foreigner and Who's a Boat Person," *Sydney Morning Herald*, March 7.

Wattanapruttipaisan, Thitapha, 2003, "ASEAN-China Free Trade Area: Advantages, Challenges, and Implications for the Newer ASEAN Member Countries," *ASEAN Economic Bulletin*, April 2003.

Weiss, Linda and John Hobson, 1995, *States and Economic Development*, Cambridge: Polity.

White, Hugh, 2013a, *The China Choice: Why We Should Share Power*, Oxford: Oxford University Press.

White, Hugh, 2013b, "China Will Inflict Pain if Abbott Blunders On," *The Age*, December 24.

White, Hugh, 2015, "B-1 Bombers Brouhaha: Minor Dispute, Big Rift," *Sydney Morning Herald*, May 19.

Wibisono, Aria Teguh Mahendra, 2010, *Political Elites and Foreign Policy: Democratization in Indonesia*, Jakarta: Universitas Indonesia Press.

Willard, Myra, 1923, *History of the White Australia Policy*, Melbourne: Melbourne University Press.

Windschuttle, Keith, 2004, *The White Australia Policy*, Sydney: Macleay Press.

Wright, David C., 2014, "Chasing Sunflowers: Personal Firsthand Observations of the Student Occupation of the Legislative Yuan and Popular Protests in Taiwan," *Journal of Military and Strategic Studies* 15 (4):134–200.

Yeoh, Michael, 2001, "China's WTO Accession: Likely Impact on Malaysian Companies," Paper presented to Malaysia's National Economic Action Council's Consultative Group on Globalization on 5th December.
http://www.asli.com.my/China.htm

Yong, Ong Keng, 2005, "Securing a Win-Win Partnership for ASEAN and China," in Saw Swee-Hock, Sheng Lijun, and Chin Kin Wah, eds., *ASEAN-China Relations: Realities and Prospect*, Singapore: Institute of Southeast Asian Studies.

Zhang, Biwu, 2012, *Chinese Perceptions of the U.S.: An Exploration of China's Foreign Policy Motivations*, Lanham, Maryland: Lexington Books.

Zhang, Weidong, 2012, "New Assertiveness and New Confidence?:

How Does China Perceive Its Own Rise?——A Critical Discourse Analysis of the *People's Daily* Editorials and Commentaries on the 2008 Beijing Olympics," *International Journal of China Studies* 3 (1): 1-23.

Zhang, Yunling, 2011, "People's Republic of China," in Masahiro Kawai and Ganeshan Wignaraja, eds., *Asia's Free Trade Agreements: How is Business Responding?*, Northampto: Edward Elgar Publishing.

園田茂人編, 2014, 『日中関係史 1972-2012 IV 民間』東京：東京大学出版会.

園田茂人編, 2015a, 『連携と離反の東アジア』東京：勁草書房.

園田茂人, 2015b, 「中国の台頭は脅威か, チャンスか——アジア学生調査第 2 波調査の結果を読み解く——」関西大学経済・政治研究所『セミナー年報』2014 年, 179〜194 ページ.

園田茂人, 2016, 「中国の台頭を世界はどう受け止めているか」『UP』5 月号, 5〜11 ページ.

園田茂人, 2017, 「注目される『動く中国人』の役割」広井良典・大井浩一編『2100 年へのパラダイムシフト』東京：作品社所収.

園田茂人・蕭新煌編, 2016, 『チャイナ・リスクといかに向き合うか』東京：東京大学出版会.

胡聯合・胡鞍鋼他, 2009, 『当代中国社会穏定問題報告』北京：紅旗出版社.

李建興，2008，「全台工業區鹹魚大翻身：台商鮭魚返鄉　二百億資金回流出處」『今周刊』610 号.
http://www.businesstoday.com.tw/article-content-92743-93956

あとがき

　本書のもととなる 2014 年の研究プロジェクト「中国脅威論を超えて：『中国の台頭』をめぐる海外中国研究者との対話」を実施するにあたり，サントリー文化財団から財政的な支援を受けた．プロジェクトの実施にあたって各国の中国研究者を招聘したが，正直，会合を開催するまで，本プロジェクトがこれほどまでに魅力的で奥深いものであるとは思わなかった．従来，中国研究は，中国国内の事情を研究するグループと中国との対外関係を研究するグループとに分かれ，しかも，「どの国から観察しているか」といった研究者自身の立ち位置については，ほとんど議論されることはなかった．

　ところが，上記プロジェクトの会合を 1 日半ほど開き，各国の事情を共有して，われわれは興奮した．中国の台頭が現地でどのように理解されているのかといった至極単純な問いが，実に複雑で研究者泣かせのもの——そして，それゆえにきわめて挑戦的なもの——であることがわかったからである．その後，ヴェトナムやタイ，インドネシアの中国専門家を招聘し，本書刊行の骨格が完成することになった．

　中国の台頭は，安全保障の領域で議論されることは多くても，近隣諸国がどのように認知し，反応しているかといった側面から議論されることはほとんどない．あったとしても，各国ベースで議論されることがほとんどで，地域横断的に議論されることはなかった．最近では Nyiri and Tan（2017）のように，中国の台頭が東南アジアをいかに変えているかについて地域横断的分析を行う試みも出つつはあるが，まだ本格的な比較研究

にまで行き着いていない.

　本書の刊行にあたって，各章の執筆者から提出された英語の論文は，編者の一人である園田が翻訳を担当し，全体の論調を整える作業を行った．こちらの質問に答える形で文章を書き直してほしいとする要求をしたり，冗長と思われる記述の削除を認めていただいたりと，作業は多岐にわたった．各章の執筆者は，日本語での刊行を目指すという，彼らにとって必ずしも優先度が高くない試みに全面的に同意し，本書刊行への助力を惜しまなかった．心から感謝したい.

　なお，本書に収録された論文をもとにリライトされ，英文ジャーナルに掲載されるようになった論文もある（Goodman, 2017; Hai, 2017; Hewison, 2018）．あわせて参照されたい.

　本書の刊行が，中国の台頭をめぐる新たな議論を生み出す契機になることを願ってやまない.

執筆者一覧（執筆順）［＊は編者］

＊園田茂人　東京大学東洋文化研究所教授

＊デヴィッド・S・G・グッドマン　西安交通・リバプール大学中国研究部主任教授

　王 振寰　国立政治大学国家発展研究所教授

　アイリーン・S・P・バヴィエラ　フィリピン大学アジアンセンター教授

　ドー・タン・ハイ　ヴェトナム外交学院シニアフェロー

　ケヴィン・ヒューイソン　ノースカロライナ大学チャペルヒル校名誉教授

　楊　國慶　マラヤ大学経済・行政学部准教授

　エヴィ・フィトリアニ　インドネシア大学社会政治学部教授

編者略歴

園田茂人（そのだ・しげと）
1961 年生まれ．東京大学大学院社会学研究科博士課程中退．中央大学教授，早稲田大学教授などを経て，現在，東京大学東洋文化研究所教授．近著に『日中関係史 1972-2012　Ⅳ　民間』（編，2014 年，東京大学出版会），『チャイナ・リスクといかに向き合うか』（蕭新煌との共編，2016 年，東京大学出版会）など．

デヴィッド・S・G・グッドマン（David S.G.Goodman）
1948 年生まれ．ロンドン大学東洋アフリカ研究学院（SOAS）で博士号取得．シドニー工科大学教授，シドニー大学教授などを経て，現在，西安交通・リバプール大学中国研究部主任教授．近著に *Class in Contemporary China*（Wiley, 2014），*Handbook of the Politics of China*（ed., Edward Elgar, 2015）など．

チャイナ・インパクト
――近隣からみた「台頭」と「脅威」

2018 年 2 月 15 日　初　版

［検印廃止］

編　者　園田茂人／デヴィッド・S・G・グッドマン

発行所　一般財団法人　東京大学出版会

代 表 者　吉見俊哉
153-0041 東京都目黒区駒場 4-5-29
http://www.utp.or.jp/
電話 03-6407-1069　Fax 03-6407-1991
振替 00160-6-59964

印刷所　株式会社理想社
製本所　牧製本印刷株式会社

© 2018 Shigeto SONODA, David S. G. GOODMAN *et al.*
ISBN 978-4-13-030211-1　Printed in Japan

JCOPY 〈㈳出版者著作権管理機構　委託出版物〉
本書の無断複写は著作権法上での例外を除き禁じられています．複写される場合は，そのつど事前に，㈳出版者著作権管理機構（電話 03-3513-6969, FAX 03-3513-6979, e-mail: info@jcopy.or.jp）の許諾を得てください．

園田茂人・蕭新煌編
チャイナ・リスクといかに向きあうか   46・3600 円
日韓台の企業の挑戦

毛里和子・園田茂人編
中国問題   46・3000 円
キーワードで読み解く

益尾知佐子・青山瑠妙・三船恵美・趙宏偉著
中国外交史   A5・2900 円

高原明生・丸川知雄・伊藤亜聖編
東大塾　社会人のための現代中国講義   A5・2800 円

ジェフリー・A・ベーダー著／春原剛訳
オバマと中国   46・2500 円
米国政府の内部からみたアジア政策

ここに表示された価格は本体価格です．御購入の
際には消費税が加算されますので御了承ください．